U0473891

人民币改变世界

中国国家金融战略路线图解读

何志成◎著

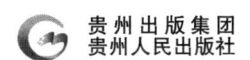

贵州出版集团
贵州人民出版社

图书在版编目（CIP）数据

人民币改变世界：中国国家金融战略路线图解读 / 何志成著. -- 贵阳：贵州人民出版社，2016.3
ISBN 978-7-221-11080-0

Ⅰ.①人… Ⅱ.①何… Ⅲ.①人民币—金融国际化—研究 Ⅳ.①F822

中国版本图书馆CIP数据核字(2016)第049671号

人民币改变世界：中国国家金融战略路线图解读
何志成 / 著

出 版 人	苏 桦
图书监制	祁定江
特约顾问	杨蜀敏
联合策划	祁定江　考拉看看·马玥
责任编辑	祁定江　刘向辉
装帧设计	陈 电
出版发行	贵州人民出版社（贵阳市观山湖区会展东路SOHO办公区A座）
印　　刷	三河市中晟雅豪印务有限公司
版　　次	2016年4月第1版
印　　次	2016年4月第1次印刷
印　　张	18
字　　数	200千字
开　　本	787mm×1092mm　1/16
书　　号	ISBN 978-7-221-11080-0
定　　价	42.00元

版权所有，盗版必究。
本书如有印装问题，请与出版社联系调换。

前 言

人民币国际化将改变什么

在中国股市时隔半年连续发生三次"股灾"之后,在人民币汇率时隔半年不到,兑美元下跌近4000点之后,在全球新兴市场经济国家货币汇率再度暴跌之后,在欧洲央行、日本央行相继释放出进一步超宽松信号之后,我开始写这本书,书名定为:《人民币改变世界:中国国家金融战略路线图解读》。

读者可能有疑问:明明是人民币被改变,怎么成了人民币改变世界?我的回答是要看长远,看本质!

在人类货币史上,有几次重大的转折时刻,就曾经有某一个国家的货币对世界历史进程发生过重大影响,比方说,英镑曾经在100多年前引领过世界;美元则在二战以后重写货币历史;欧元的出现曾被誉为可能改变世界的大事;日元在"广场协议"前也曾"风骚"过,差一点改变世界。

仔细分析上述历史背景,与今天的人民币有什么相似之处呢?英镑、美元,都是依靠强权,依靠战争走向世界的。但这种机会还有可能发生吗?会不会再现第三次世界大战?就目前来说，答案是否定的。而依靠经济实力，依靠国家间的货币联盟，很可能影响世界，但很难撼动以美元为轴心的国际货币体系，欧元、日元，都是例子。

那人民币靠什么改变世界？要回答人民币靠什么改变世界这个问题，还是要回到那句话，要看长远，看本质。

具体靠什么？我认为靠的是当前国家的人民币战略，或曰国家金融战略，以及支撑这一战略的，来自最高层的指导思想体系和实战效果。本书就是一本通过论证，尤其是实战分析揭示人民币战略或曰人民币改变世界路径的书，也是一本解读人民币战略思想的书。

金融市场的确是"战场"，货币战理论由此而发. 以前是"肉烂在锅里"，自己人相互之间绞杀、博弈。而在国际货币基金组织宣布人民币加入SDR后，尤其是中国政府已经决心开放人民币汇率市场以及中国资本市场之后，未来的金融战争恐怕要"肥水外流"。如果说，2015年8月11日人民币汇率贬值是打响了测试国际金融市场的第一枪，那2016年开年，央行发布了人民币汇率指数（名曰人民币汇率形成将参考一篮子货币，实为放弃以往紧盯美元的汇率政策），同日宣布人民币汇率指数交易由每天四小时扩大为每天十二小时（有了夜盘），则是打响了测试国际、国内金融市场的第二枪。

很多人认为，无论是第一枪，还是第二枪，打得都不咋样，比如导致"股汇双杀"，导致全球金融市场震荡，导致货币战风云甚嚣尘上。但历史上没有这样的先例，全球金融市场有太多不确定性，不测试我们怎么知道真正的风险在哪里，有多大。那付出的代价是不是大了一点？这个问题本书后面会详细分析。但有一点需要在前言谈一谈：索罗斯曾经有一次重要演讲，主题是：人的不确定性原则。其中有两个核心观点：一个是"在有思维能力的参与者的情况下，参与者对世界的看法永远是局部和曲解的"。这是谬误难免论即"易误论"。另一个是"而这些曲解了的看法可以影响参与者所处的环境，因为错误的看法会导致错误的行为"，形成"相关反射原则"，引发"金融市场剧烈波动"。

所谓金融战，有一点倒很像战争，就是都是花钱如流水，三次股灾，中国股民财富损失近半（可能还不止），几个月的人民币汇率保卫战，已经开销掉一万多亿美元，两项相加差不多是日本三年的GDP了——这仗打得够吓人的，相当于美国打几个伊拉克了，小国怎么打得起。

中国各路媒体（尤其是自媒体）都在炒作索罗斯率领国际几路对冲基金大肆做空中国，这个老头也在达沃斯论坛公开承认他做空了中国和美国股市，问题是——难道不能做空吗？市场行为，就是人的行为，即使其行为是"局部和曲解的"，也是人的行为，难道只能做多吗？那将不是市场！而事实证明，索罗斯不是一味地做空中国，而是做空全球股市，尤其是美国和中国——人家也在做空自己的祖国，美国为什么没有批评他的声音，说到底还是我们太敏感，内心太虚弱了。凡是有毛病的（市场）都要有人提前做空，这才是股市的发现功能！难道要等到无药可医，要等到崩盘前夕才"一拥而上"，"落井下石"般地做空吗？

从2016年1月开年以来，人民币汇率即以急跌、暴跌亮相，几天内大跌近2000点。与此同时，中国股市暴跌，四次被熔断，两次提前关门，其中1月7日当天交易时间不足15分钟，股民财富损失高达五万亿（相当于日本一年的GDP），"股汇双杀"景象不断上演，最后动用"杀手锏"平息了境外离岸市场，却导致第三次股灾。短短一个月时间，中国金融市场就上演了自有资本市场、金融市场以来人类未曾见过的最可悲一幕。

于是，有人问道，持有人民币还安全吗？持有人民币资产还能够起到保值增值的作用吗？中国劳动者几十年积攒的财富会不会也像中国政府外汇储备那样急剧缩水呢？虽然我不同意老百姓都去换外汇，但我的确听见了：警钟在敲响！

的确，对不需要送子女到海外学习的家庭来说，储备大量外汇意义可能不大。但如果是避险呢？国家能够保证人民币汇率一直升值吗？人民币汇率不会出现大幅度波动吗？

经济已经全球化了，金融市场是不是也要全球化？什么叫SDR？就是国际储备货币的代名词，人民币将在2016年10月1日成为全世界很多国家外汇储备的必选货币，届时，它们愿意选择人民币做储备货币吗？很显然，在未来的几个月里，中国经济能够平稳运行，人民币汇率指数能够稳定运行，不再出现暴涨暴跌，人家才会投票通过！

SDR的确是人民币的里程碑，也是中国金融市场的里程碑，国际化后的人民币将实现有管理的自由浮动，中国政府必须按照"约定"容许老百姓更加自由地选择持有外币资产，同时，外国人也将更加自由地选择到中国投资，办企业、开银行，包括买卖股票，货币双向、多向流动怎么可以再设高门槛呢。未来的全球金融市场格局将大变，世界也将大变，中国不变吗？

很多人只看到中国老百姓越来越不相信持有人民币，只看到很多股票投资者在慌不择路地选择"套现"，却看不到人民币战略！此时不试，难道要等到2016年下半年再试吗？那时候，可能为时已晚。试想一下，三次股灾，加上"股汇双杀"，如果发生在2016年下半年，国际货币基金组织还会给人民币发"入场券"吗？我们不能用短视的目光看待中国政府外汇储备减少，更不能只看到股汇双杀。

看待中国政府的人民币战略，包括经济大战略，首先要观察它的"底气"！习近平主席一再强调：中国仍然处于重要的战略机遇期；要坚持让市场在资源分配中发挥决定性的作用，同时政府要发挥更好的管控作用；要相信中国经济内涵的增长动能远远没有枯竭，同时也要相信市场能够自己找到均衡区域。

那当前中国政府的人民币战略的"底气"在哪里？简单地说，中国经济虽然问题很多，但办法要比问题更多，不能以一战论成败，论英雄。我们要多关注一带一路，关注亚投行，关注中国企业走出去，关注供给侧改革，关注国企改革以及土地改革。人民币汇率下跌是调整，而不是崩溃前夜，中国经济的国际影响力还在，最高层在做大文章，准备打大仗——市场化改革需要付出成本，人民币走向世界需要付出成本，但所有的付出都能够得到回报，这一点必须看清楚。人民币汇率调整很可能是为了前行，为了真正适应一个金融市场全球化的世界，而那个世界将因为人民币而改变！

所谓人民币战略，绝不只是让人民币成为国际货币体系中的一员，而是要成为主要货币、支柱货币，与美元、欧元平起平坐，形成三足鼎立之势，成为全球经济包括全球政治的稳定器。

未来，许多国家将使用人民币结算进出口贸易，绝大多数国家——而不是少数货币不稳定国家——将通过货币互换持有人民币；中国企业将大踏步地走出去，一带一路将使中国产品以及中国劳动者一起走出去，中国商人将在全世界做生意，办企业，办银行，包括买卖股票债券。当然，我们也要堂堂正正地开放国门，开放境内的金融市场，让全世界的投资者都进来。真正形成你中有我、我中有你的大格局。会不会出现大的震荡？需要试验，需要磨合，包括股市不断地寻底。但我相信，以14亿中国人，上百万亿人民币资产做后盾，以深化改革为契机，人民币将成为全世界的"最爱"，人民币汇率不仅不会暴跌，而且将由于它的充分市场化，引发国际金融市场的大变局！

当然，人民币战略的第一步不是一下子开放，中国政府已经宣布将实行有管理的自由兑换机制，本身就是改变世界（金融市场游戏规则）之举。但有一点已经刻不容缓：必须容许甚至鼓励老百姓多元化地储备外币资产，必须容许企业自主留存外汇，必须容许外资更自由地进出。

我可以告诉大家，2016年10月1日很可能成为新时代的分水岭。人民币一旦被国际货币基金组织接纳，中国的市场化进程肯定加快。全世界要适应一个新的人民币，中国企业、投资者和老百姓也要适应一个新的人民币。世界是宏大的，当然包括中国自己！

人民币很可能是第一个以和平方式成为世界主要货币的货币，也是第一个通过深化改革融入世界的货币，它的意义重大！未来的中国怎么样，未来的世界怎么样，很可能要看中国，但全世界都在看着中国（向何处去）。跟着人民币走向世界的绝不仅仅是人民币的流动性，还包括中国企业和中国的国家战略。人民币战略不是让世界更加不安，而是让世界更加稳定，更加繁荣。人民币将给世界带去福利，当然也会给国民带来福利。当人民币资产遍及世界时，人们会看到世界被改变，但更多的改变可能是中国自己。

经济全球化已经改变了世界，但这个世界仍然磕磕绊绊，摩擦不断。为什么？一方面是强权，一方面是贫困与不安；一方面是害怕福利水平下降，另一方面是憎恨发达国家拥有绝对优势，不帮助落后国家发展。人民币战略一方面是融入发达国家的圈子，一方面是通过实实在在的努力改变贫穷落后国家的面貌。一带一路、亚投行、中国企业走出去，就是为了使这个世界更具有福利吸引力，大家都一心一意搞经济建设，更多地扶贫帮困，让财富涌流，何须战争——起码会减少发生局部战争的可能性。如果说，未来还有"货币战"，那是为了永久终止人类相互间因为争夺发展机会而爆发的毁灭性战争。人民币走向世界将使人类更文明，而文明之间只有竞争，只有博弈，没有战争！人民币改变世界的主旨就在这里！

当然，人民币在改变世界的同时，中国也是变化最大的国家之一，它的政策将更加透明，更加稳定，市场也将更具活力，更具影响力。同时需要改变的还有中国企业的资产负债表包括经营方式，改变中国投资者的投资重点，投资习惯，进而改变中国老百姓的日常生活。

有管理的人民币汇率自由浮动时代就要来了，人民币的国际化时代就要来了，经济全球化将走向金融市场全球化，本书将围绕这一系列问题回答由此带来的绝大多数改变，包括为什么需要改变的原因。

何志成

目 录

第一章 不谋全局者，不足谋一域
——从国家金融战略层面看人民币国际化

人民币为什么要国际化？ 03

为什么SDR对人民币如此重要？ 12

人民币的国家战略路线图 20

要让汇率"动起来" 26

盯住一篮子货币，盯住美元、欧元 30

向美国学习如何利用对冲机制 40

人民币战略的当务之急是恢复信心 44

第二章 "金融全球化时代"到来
——从人民币汇率震荡看全球经济发展新趋势

人民币汇率为什么会暴跌？ 51

人民币汇率还要大幅波动两年左右 58

反常的"股汇双杀" 62

反常的"储备"与"汇率"同方向运动 67

汇率波动率达10%，很多企业就倒闭？ 80

"莫比斯环"现象只在资本市场吗？ 85

全球经济（体）再度同仇敌忾 92

第三章 亟需升级的"中国式投资逻辑"
——人民币国际化后对投资有哪些影响

航天纪念币传递了什么信号？ 99

索罗斯为什么要做空人民币？ 103

汇率波动为什么影响家庭财富？ 112

企业和家庭要不要持有外币？ 116

房地产市场如何走？ 122

投资者须学会对冲人民币汇率 127

最后的人民币资产——农村集体土地变相买卖 135

第四章 一域之战，一国之战
——人民币保卫战的核心是保卫人民币资产

人民币汇率离岸市场大血拼 141

他们的枪口正瞄准人民币资产 148

人民币贬值，物价会不会下降？ 154

汇率急调下的股市如何变化？ 158

人民币汇率下行对大宗商品是双刃剑 162

第五章　创新经济引领未来
——人民币战略与供给侧改革

汇率理论与供给侧理论　169

理论核心在于防止人民币资产大幅贬值　174

未来人民币资产靠什么定价？　180

人民币国际化推进思想创新　186

中国资产定价之"魂"　193

知识劳动价值决定汇率的含金量　201

创新劳动与虚拟金融市场存在的价值　207

第六章　观念决定成败
——新经济时代的投资逻辑

资产配置荒是伪命题　213

股票市场一定有小牛市　217

大宗商品市场也有机会　221

中国最大的"产能"是房地产（相关产业）　225

中国投资者走向世界，是大机会！　228

我对新经济时代做投资的经验　232

第七章 "布局"VS"破局"
——人民币改变世界货币体系的路径与困难

人民币与"一带一路" 241

突破"伊斯兰墙"的时机到了 247

拉着日本、韩国一同向西建立经济圈 251

中国将从辅助欧元变成旁观欧元 255

美元仍然是大哥大，可能要领先很多年 259

愈演愈烈的大国货币博弈 266

后记 人民币战略的关键词是"人民" 272

不谋全局者，不足谋一域

——从国家金融战略层面看人民币国际化

第一章

人民币为什么要国际化？

如果让全体中国人对人民币是否需要实现有管理的自由兑换进行公投，可能90%的人都会投反对票；如果让全体中国人对中国援助非洲600亿美元组建共同基金，可能有一大半人会投反对票；如果再让全体中国人对中国向中东地区国家提供550亿美元借款进行投票，恐怕也有一半人反对；但如果还是让这些人公投：要不要武力收回钓鱼岛，可能会有一大半人表态支持。而后果呢？利弊得失呢？绝大多数人是说不上来的。

我们都心怀中国梦，这个梦是什么？答案可能五花八门，但有一点可能是共同的：中国梦就是中华民族的伟大复兴！怎么复兴？想过吗？人民币走向世界就是中华民族伟大复兴的重要一步！

在人类历史上，中华民族曾经长期领先过，这源于我们地处亚洲中心的独特地缘政治优势以及中华民族的勤劳勇敢聪明。但近百年来，由于长期的闭关锁国政策，中国落后了，落后到"任人宰割"的地步。期间虽然有崛起，但距离屹立于世界民族之林却仍然任重而道远，这是中华民族近百年来的切肤之痛，但民族复兴的积淀也恰恰在此。

改革开放以来，经过近38年的努力奋斗，中华民族再度崛起了，从经济总量上看，我们已经是世界第二，这的确让很多列强以及曾经的兄弟伙伴侧目。但中国是不是已经"屹立于世界民族之林"了呢？看一看今天中国周边的国际环境就明白，我们距离这一天还有距离。想一想我们面临的诸多困难，更要清醒。

人民币为什么要走向世界，为什么国家义无反顾地要支持非洲发展，支持中东国家的工业化，很大程度是要改变全世界对中国的看法，同时也是在效法美国曾经的崛起之路——在对外援助以及输出中国制造的过程中，将人民币真正推向国际化。而一旦人民币成为世界货币，阻碍中国发展的负面因素将大大地减少。

经济全球化转向金融全球化

正如马克思在《资本论》中所提及的：资本主义时代所创造的劳动力价值一天等于一百天。而今天的时代，人类所创造的劳动力价值，一天可能超越过去一百年！我们今天所处的时代可以说是创新经济时代，也可以说是经济全球化时代，然后是金融市场全球化时代。

从马克思时代走向新经济时代，走向经济全球化时代，再走向金融市场全球化时代，人民币属于哪个时代？加入SDR后的人民币一定代表新时代。

我首先要告诉读者：经济全球化时代是怎么来的？倒退四十年，这个世界还在冷战时代徘徊。由于东欧剧变，苏联解体，更由于中美靠近，东西方才能够逐渐走到一起，经济全球化才能得以最终实现。

然而，在经济全球化以后，世界仍然是"隔离"的，因为这个世界有两个市场——实体经济与虚拟经济，实体金融市场与虚拟金融市场，实体经济绝大多数国家都实现了共同参与，但虚拟金融市场，东西方仍然隔绝。为什么？很多货币仍然只能在国界内流通，尤其是大国货币！

短短四十年，中国已经成为全球实体经济大国，位居第二，但在全球虚拟金融市场交易量统计中，人民币几乎为零！

因此，我们说，在人民币没有实现自由兑换之前，在中国没有融入全球虚拟金融市场之前，在中国还没有开放国内金融市场之前，金融市场全球化就有阻碍。

世界希望中国变，中国自己也希望变！但是，必须考虑到中国几十年的经济体制，全部改变很难。但中国选择了从最难的开始，提前让人民币走向世界，实现人民币的有管理自由兑换。而一旦有了这个改变，全球虚拟金融市场将成为"共同拥有"，全世界将大变。

2009年，我曾经预言人民币成为国际结算货币、储备货币的时间表可能需要十五年，结果人民币加入SDR仅仅用了6年，人民币实现有管理的自由兑换可能就在2016年！人民币国际化为什么大大地提速？中国政府推进中国融入世界的步伐为什么这样急切？因为政府敏锐地感到：时代变了，中国不变，就可能被时代淘汰！而中国一旦改变，世界也将随之大变，实践要走在理论的前面。

推进世界共享、共荣是中国政府的主要思想之一。习近平主席为什么频繁地开展外交活动，为中国争取更长久的战略机遇期是其一，宣传实践中国政府的共享、共荣世界是其二。我们看到，在他主政中国后做得最多的事情，就是加快中国融入世界的步伐，其中一个重要标志就是加快推进人民币国际化。

世界欢迎人民币

2016年1月18日，美国财长与中央财经办主任刘鹤通了一通电话，并通过新闻公开了内容。这次通话传递了什么信息呢？

第一，美国政府认可中国政府前几天（具体是1月12—13日中国央行阻击离岸人民币汇率市场做空机构）强力干预人民币汇率暴跌的行为。这种认可很重要，因为它等于承认了中国模式（政府要在关键时刻干预市场），间接认可中国政府将实行与西方国家有区别的"有管理的浮动汇率制"。

第二，刘鹤强调了人民币汇率不会大幅度贬值的信息，也意味着此前强力干预汇率的举动是临时性措施，不会常态化。

第三个信息则是：2016年初以来由中国政府主导的人民币汇率急速调整已经初步达到目标。说明第一阶段调整应该基本到位了，不会出现所谓的"一次性调整到位"，不会继续大幅度减持外汇储备——暴跌10%以上的急剧调整，休克疗法不仅中国受不了，美国也受不了，全球金融市场更是受不了——一个月内全球金融资产已经损失了数万亿美元。

第四个信息是：美国承诺支持中国深化改革，支持人民币走向世界。

这次通电，其实是人民币获得国际货币体系准入场券之后，中美在稳定全球金融市场方面的第一次协调。事实证明，这个电话之后，全球股市都稳定了，信心初步得以恢复。

这通电话很重要，它不仅反映了中美经济关系，也准确地反映了中美政治关系——中美间都希望全球金融市场稳定。

今天的世界其实已经是混合经济，资本市场是这个混合经济体的"酒"。那么,谁是全球经济体的"酒"呢?现在全球很多国家都在批评"美元独大",其实也反映了一个现实:美国是全球经济体的"酒"。但这个"酒"的度数在变化——中国也可能成为酒,中国的度数正在悄悄地上升,尤其是在一带一路规划具体实施之后。

从国际社会看,美元独大不利于稳定,因此要改革现有的世界货币体系。欧元的出现是改革,但不够,亚洲必须参与,人民币必须参与,如此,才能更加清晰地反映世界经济多元化的进程及现有势力格局:一方面使制衡"美元独大"的阵营更强大一点,另一方面也使这种制衡更有利于国际竞争和稳定。制衡是为了发展,为了和平!

我以前就讲过,人民币要成为"公民币",要像美元一样更多地体现出货币的人民性,而不是仅仅叫人民币。人民币成为国际货币不是去做美元的对手,而是去做美元的助手!当然,所谓助手不是帮助美元称霸,也不是维护美元独大或独霸的地位,而是与美元一起维护全球经济金融秩序,负起国际货币的责任!这一点已经被国际社会认可,人民币加入SDR就是证明。

人民币国际化的好处

很多人问,人民币国际化对中国具体有什么好处?这一次西方国家集体对中国让步本身已经做了回答!中国的确强大了,这个强大不仅表现在经济实力,更重要的是表现在中国的制度模式以及这种模式的渐变方式包括未来的国际示范力!

世界货币体系只容纳自由兑换货币，同时对该货币的国家经济背景有严格要求——必须市场化！人民币至今仍然不是自由兑换货币，中国经济至今仍然是半拉子市场经济，但为什么那些坚决主张经济自由，货币兑换自由的西方国家能够对中国让步呢？

原因很多，但有一个原因引起我的兴趣：西方很多国家都在反思"纯粹的市场经济"是不是最具竞争力的唯一市场经济模式，"有管理的市场经济"或曰：让市场在资源配置中发挥决定性作用，同时让政府更好地管理经济，会不会成为未来全球市场经济的一种新模式，尤其是对欠发达的国家来说——渐进式的市场化改革对全球经济发展是不是更有利！

人民币加入SDR不仅对中国是实验，对西方国家主导的世界货币体系也是实验。也许正因为这一点，在中国人民币加入SDR后不久出现汇率大幅度波动时，在中国央行动用大量外汇储备干预人民币汇率时，西方国家集体沉默不语，随后还一个个站出来表示支持。

货币是一定要国际化、自由化的，尤其是主要国家的货币，但货币的买卖（全球外汇市场）是不是绝对要排除国家干预、联合干预呢？中国提供了新模式。有"管理的自由浮动"以前曾被贴上国家干预的标签，是非市场化的典范，但一次次全球金融危机证明，完全放弃干预，不仅一个国家会乱，全球经济都会乱。

其实，全世界的货币，包括美元、欧元、日元、英镑、瑞郎等等，虽然名曰完全自由浮动，但政府背后的那只手从来没有停止过干预，比方说，日本一方面说希望人民币汇率稳定，也相信人民币汇率能够稳定，但它却在2016年1月28日对全球金融市场进行突然袭击，宣布日本将再度实行负利率。

  国家干预，在现代市场经济，尤其是金融市场全球化时代可能更加重要。因为，一个国家的货币，尤其是重要国家的货币，已经不完全属于"母国"，它的波动很可能对国际市场的影响力更大，比如2016年初的人民币汇率——国内物价丝毫不动。全球市场尤其是亚洲市场感觉到很大压力——旅游人口大幅度减少。以前，我们每年都看到，美国政府总是评估其它国家政府是不是在干预汇率，它总是指责别的国家，尤其是非市场经济国家，包括中国，随时会给这些国家的政府带上大帽子：干预汇率太多。但这一次，它无话可说——眼看着人民币汇率急跌，然后通过强力干预，企稳，它仅仅打了一个电话，希望人民币汇率不要大幅度贬值。

  中国用实践证明：完全没有国家干预，单靠市场自发作用，很可能受到市场"人性不确定性"的攻击，由于人的非理性、片面，也可能是偏见，市场在很多时候是无序的，信号也是错误的。当出现失衡的时候，尤其是出现危机隐患的时候，政府必须干预，而且要提前干预、预期干预，联合全世界共同干预。这是危机管控的关键点，也是金融市场全球化的必然。这一点，通过2016年初人民币汇率大幅度波动的实践，各国看得很清楚。没有国家干预，金融危机难以避免，实体经济也将受到极大伤害。一个国家受损失，尤其是大国出问题，全球经济都会受影响。对市场的异动，尤其是操纵市场的行为，不仅受害国家要干预，全球各国还要联合干预，这也是金融市场全球化的题中之意。

  中国根据自身实践，既有付出，也结交了朋友。过去几年通过不断地买入西方国家债券的行为帮助这些国家克服经济危机、走出金融危机。严格地讲，这种行为也是干预！正是由于中国在全球金融危机期间做了大量工作，买了大量美债、欧债，先是欧元区感恩了，随后美国也被说服，日本、英国只能跟着走，最后集体承认：汇率"有管理的自由浮动"也是自由浮动，也是市场经济，政府规划、预期监管永远都是市场经济的必要补充，是政府的责任。

换句话说，它们终于承认习近平主席强调的一句话："既要让市场在资源配置中发挥决定性作用，政府也必须更好地管理市场，尤其是监管"。这不仅是中国经验，也是全球经济未来的游戏规则。中国一定要搞市场经济，但同时也明确地告诉世界：没有完全的市场经济！西方经济学必须修正！中国如何改变世界？人民币如何改变世界？人民币能够加入SDR已经说明。

当然，人民币绝不会故步自封。中国领导人已在非常多的国际场合公开表示，中国将坚持市场化改革方向不变，今后深化改革，对外开放都将以人民币加入SDR为新的起点。可以设想，如果中国坚持（混合所有制）改革，不断地开放市场、建立市场——尤其是外汇市场、大宗商品（期货）市场，坚持以市场供求为基础，参考一篮子货币，实行有管理的浮动汇率制度。

2016年10月1日，国际货币基金组织正式接纳人民币为"特别提款权"后，中国将与西方国家更紧密地结合在一起，经济全球化将进而演变为金融市场全球化。今后，东西方文明的竞争，包括社会主义市场经济与西方市场经济国家的竞争将由于你中有我、我中有你而再难起冲突，世界将更加稳定，和平发展将成为绝大多数国家的自主选择，人类社会最大的成本支出（防范战争的支出）将极大地削减，全球经济的创新点将以更快的速度扩散，实体经济发展的速度将更快。

毫无疑问，人民币国际化对中国经济是有利的，对世界和人类社会也是有利的。这就是人民币（国际化）带给世界的最好礼物——人民币将改变世界。

为什么SDR对人民币如此重要？

人民币是孙悟空，它要钻进铁扇公主的肚子里了，这就是SDR的意义。

在人类进入新经济时代前，国际经济秩序很大程度是由现有的国际货币体系维护，美元是"霸主"，因此由美国为首的西方大国制定的游戏规则，后来者都必须遵守。这似乎也是霸权。中国改革开放以后，逐渐融入世界经济圈，但总是被动参与，没有话语权，很难受。

随着中国经济的成长，虽然还没有到争取修改规则的时候，但我们终于等到了可以钻进铁扇公主的肚子里了的那一天了。中国政府虽然声明，我们不想改变世界经济游戏规则，但西方国家已经注意到中国在争取权益，未来的国际经济秩序，不仅要看中国经济实力，也要看人民币汇率的"脸色"了——比方说，人民币汇率一旦暴跌，全球金融市场都跟着波动，全世界的企业都要研究人民币汇率。

人类社会在经历经济全球化时代以后必将逐步走向金融市场全球化时代，而这个新时代的最重要的特征之一就是人民币成为SDR货币篮子的重要一员。不仅是原有的国际货币体系需要调整，更重要的是世界经济格局也将发生改变——中国企业迅速地走向世界。

人民币在走出去的过程中，似乎是领头羊，其实是后援。人民币第一步是沿着一带一路展开布局，随后是渗透到欧美，反过来再从亚洲蚕食日本。人民币国际化后还有一个重中之重，就是从发达国家边缘（地区、国家）获取创新资源，滋补中国企业。未来人民币汇率将更加贴近中国经济实力，经济是第二，人民币岂能做第三，随后可能是第二，会不会成为第一？那要看中国与西方大国的长期博弈，更要看这个世界的运势会不会向着有利于中国的方向逆转。

人民币走向世界，将改变中国绝大多数企业，包括资本市场。人民币的凤凰涅槃包括实行人民币汇率的有管理自由浮动；容许所有企业自由地买卖外汇，自由选择是将外汇收入结汇给中国的商业银行，还是留在境外；同时要设置多种机制，容许中国投资者自主选择投资品市场，不仅可以在中国境内炒股票，也可以到全球各大资本市场去炒股票，不仅可以炒股票，还能炒大宗商品期货，炒外汇；未来不久，中国将容许境外投资者到中国资本市场投资，同时会建立一个准国际化、自由化的外汇市场，让全世界投资者在中国买卖人民币，这个市场的交易规模将轻而易举地超过股票市场；未来，所有中国企业都要完善现有的资产负债表（结算计价都要变），没有外汇占款的企业可能不是好企业，不懂得人民币买卖（外币）的企业，可能就无法做"买卖"；未来不久，中国居民的投资结构、消费结构、财富结构，甚至财富观都要改变。最最重要的是：人民币汇率自由浮动后将意味着中国市场化改革将进入深水区，改革开放将更加难以逆转，产权明晰将成为中国企业制度的支点，"权利经济"将让位于"产权经济"。

而这一切改革似乎都是遵循"西方大国设计的游戏规则"，未必完全如此。人民币汇率不能自由浮动，也就不能"入篮"——加入SDR。这个硬性规定有好的一面，市场化改革是有利于中国经济发展的，这不是简单的愿打愿挨，中国自身需要深化改革，需要走向世界，只有迈出这一步，才能凤凰涅槃，才能取得更稳定的发展，加快实现全面小康。

问题是，当中国真的按照"西方大国设计的游戏规则"做了，他们可能会发现：又一次搬起石头砸自己的脚了！看过一千零一夜里面的"魔瓶"故事吗？西方国家为了自身利益要求中国按照完全市场经济模式进行改革，要求人民币国际化，要求中国实行真正的市场经济，而当人民币真的国际化之后，真的实行市场经济以后，中国经济的发展速度尤其是发展质量会出现天翻地覆的变化，那时候，他们还能驾驭得住人民币吗？当他们看到中国经济有很多弱点，如同看到一只雄鹰不能再展翅飞翔，于是要求中国的人民币国际化，中国经济市场化。他们以为，人民币国际化后会永远听命于西方大国，尤其是美国。为此，他们设置了比较高的门槛，看人民币能不能过关，会不会涅槃而死！他们没想到：中国忍了！更没有想到，人民币逼迫他们留了一条缝，就是"有管理"，这是防火墙，也是伸缩器，SDR给中国的人民币留下了自由空间。

如同第一轮改革开放后的中国很快就成为全球经济的主角

那样，第二轮深化改革以"入篮"为标志。第一轮改革，中国经济是融入世界，第二轮深化改革，中国是钻进铁扇公主肚子里的孙悟空，它不再驯服，而是让西方大国接招。中国与世界一起改变，中国经济不会死亡，而会因此新生，将再度展翅高翔。

2015年11月30日人民币在国际货币基金组织的投票中被全票通过，批准"入篮"，同时给出占篮子的比重为11.9%，超过日本。但它们给出了一个限制条件：还要等待2016年10月1日做最后的确认！这几个月，很难熬！尤其是有一点点出师不利，2016年开盘即暴跌！还要不要坚持？很多人有疑问，我回答，这一点点挫折算什么？要继续坚忍！为了远大目标，需要做出牺牲。

为什么SDR对人民币如此重要？

首先它是符合历史大趋势之举，中国要想真正强大，必须成为国际大家庭的真正一员，与西方大国平起平坐。因此，不仅要参与经济全球化，还要推进金融市场全球化，要通过货币体系实现相互拥有。同时要看到，中国参与西方国家的金融市场游戏，并不是任其宰割的弱者，经过三十余年的改革开放，中国的经济实力以及国际影响力大幅度提升，现在已经有了可以与老牌"资本主义国家"博弈的实力，中国加入SDR不是乞求来的，而是博弈来的。

第二，在全球经济生活中，国际货币基金组织相当于一个小联合国，或曰"货币联合国"，SDR则相当于"常任理事国"。

这些"常任理事国"可以通过一定的发钞权（占比）影响全球金融市场，通过汇率博弈影响全球经济，当然也会影响到全球货币体系（包括某一个国家货币汇率）的稳定——影响到国际财富分配（包括机会的分配）。而且，通常国际货币基金组织与世界银行成为犄角之势：国际货币基金组织承认，世界银行也会承认。

广义的国际货币体系包括了所有参加国际货币基金组织的国家及地区货币（193个），而其中绝大多数国家至今还没有实现货币的自由买卖与浮动汇率（占56%）；狭义的国际货币体系，指已经实行自由浮动汇率制的经济体所发行的货币，目前大约有几十个，而能够在国际外汇市场自由交易的货币大约只有二十几个，且其中只有美元、欧元、英镑、日元被国际货币基金组织纳入SDR之中，成为最具影响力的国际货币。最狭义的部分，不仅相当于"常任理事国"，而且代表着未来国际货币体系改革的方向——世界货币必须是自由买卖的，在金融市场全球化时代，国界不再是货币交易与流通的边界，任何国家或地区的经济不仅要受本国货币汇率波动的影响，同时也将受到其他国家货币汇率波动的影响，尤其是主要货币的影响。

所谓SDR货币，当然是全球货币体系中最具影响力的货币，可以说是"硬通货"。当人民币"入篮"以后，理论上讲：凡是能够使用美元、欧元、英镑、日元进行商务（尤其是旅游）、劳务结算的国家，未来都可以使用人民币直接结算，同时，凡是国际货币基金组织国家成员，理论上都必须（通过货币互换）储备SDR货币，即像美联储这样牛的"全球央行"，也要通过货币互换机制储备人民币，这一点很可能是最重要的改变。

成为SDR货币，理论上已经成为可以影响全球金融市场稳定的货币，该国央行理论上具有国际市场发钞权，同时，在其遭遇经济金融危机时，也可以最先受到国际货币基金组织国家成员的救助。从国际货币市场而言，可以发行SDR货币的中国人民银行理论上将成为"全球央行"，中国将在国际货币体系中具有话语权，这是自联合国重新恢复中国地位之后又一件影响人类历史的大事，当然也是影响中国的大事。更重要的是，未来，人民币汇率将通过（有管理）自由浮动影响世界经济——而不必像联合国"常任理事国"那样只能通过表决权、否决权才能影响世界。

当然，拥有这样权利的货币大国不是轻轻松松可以获得的，国际货币基金组织本质上是主张市场经济的联盟，它过去的几大"常任理事国"可以说都是顽固的市场派——不能自由浮动的货币休想成为国际货币（SDR）。因此，中国人民币加入SDR的过程充满博弈。

通俗地说，中国在改革开放的几十年中几乎年年都会跟欧美主要国家谈判中国的市场经济地位问题，争取西方列强的承认，但却一直都谈不成，原因之一就是它们中的某些国家顽固地认为中国经济体制中的市场化程度不高，权力经济色彩浓厚，政府干预市场（企业）太多，尤其是货币汇率。本次人民币加入SDR绕开了好几个顽固国家。

必须看到，人民币进入SDR对西方国家也是"诱饵"，因为从充分市场经济角度讲，当人民币加入SDR后，他们的资本进入中国将更加方便。中国抓住了这一点，抓住了他们都想进入中国的心态，一个个攻克。相对而言，加入SDR，要比争取西方国家整体承认中国市场经济地位要容易得多，因为中国只要取得欧美大国同意即可，不仅是那些小国可以绕开，即使是英国日本都要看美国脸色。

从实际进程上看，在人民币能否加入SDR问题上，欧美英日等国一直是犹豫不决的，他们一方面希望用SDR做诱饵，引导中国政府进一步开放市场，成为他们眼中的完全市场经济国家；一方面又很担心中国经济不可能完全按照西方模式完成市场化转变，人民币仍然是"半拉子"自由浮动货币，在加入SDR后反而会起"坏作用"，带动更多的不能自由浮动汇率的国家加入SDR。犹豫不决中为什么能有如此重大转变，为什么西方国家最终能够全票通过让人民币加入SDR？

一带一路、亚投行起到了关键作用！我们都看到，一带一路对欧美日来说的确有些醋醋的，但他们没有理由反对，因为不仅亚洲国家，世界上绝大多数国家都欢迎，更何况欧美日还主张普世价值。中国的一带一路就是在实践普世价值，在为全球经济寻找新的经济增长点做探索，一旦一带一路成功，欧美日一定也是受益者；亚投行更是刺中美日痛处，他们不愿意参加，也暗中鼓捣盟国不要参加，没想到，最后参加的有50个国家，而且亚投行还宣布使用美元结算。一带一路、亚投行是标杆，他反映世界在变，欧美日不能抵抗这个转变！同时我们也看到，在人民币加入SDR的过程中，中国政府博弈西方很有技巧，该妥协的地方妥协，该敲边鼓的地方敲边鼓，最终让西方国家承认中国地位。说白了，西方国家可以不带着中国玩，那中国的一带一路、亚投行也可以不带着西方国家玩。

而整个进程则反映了：大家还是一起玩好！虽然奥巴马说，未来世界经济决不能让中国制定游戏规则，但这一次人民币加入SDR真的说明：西方国家真的因为中国而修改了（全球经济尤其是汇率市场）游戏规则——未来中国不仅将影响世界经济的游戏规则，而且将通过SDR参与世界经济（游戏）规则的制定！不仅是美国、日本奈我何，而是说明世界在变！

人民币的国家战略路线图

什么是人民币战略？人民币战略是国家战略尤其是金融战略的重要组成部分。

而国家战略的核心是：中国要成为一个什么样的国家！？毫无疑问，中国将坚持社会主义市场经济模式，但该模式不是以"教条"的方式，而是以"改变"的方式"被坚持"，具体说就是：要通过不断地深化改革使中国真正成为"财产社会"，民富国强的社会，民主法治的社会。同样是财产社会，它与西方近200年的私有制社会的最本质区别是：社会财富不是集中在极少数"资本家"手里，而是分散在每一个时时刻刻创造财富的劳动者手里——其实，很多西方国家已经实践了这一点。

中国越是发展，越是强大，越会有越来越多的劳动者成为有产者，这是天翻地覆的变化。社会主义不是排斥市场经济，而是通过市场经济激发每一个经济组织包括劳动者的创造力，同时通过社会主义的制度优势逐步缩小贫富差距，直至彻底消灭不劳而获的特殊利益阶层，包括以权谋私的个人，也包括好逸恶劳的个人。

人民币战略为什么是中国国家战略的最重要组成部分？中国

要融入世界，以什么为代表呢？最根本的是经济上的互通互融，最典型的是货币的互通互融。货币是什么？它是劳动者的劳动力价值相互交换的价值尺度；汇率是什么？国际货币是什么？它是全球各国劳动者能够跨越空间实现劳动力价值比较、交换的价值尺度。人民币就要成为国际货币，人民币汇率将成为全球各国劳动者能够跨越空间实现劳动力价值比较、交换的价值尺度。这就是人民币战略！

在人民币战略的实施过程中人民币必须选择走出去，让本来在中国境内流通的人民币成为世界货币体系的"硬通货"，即人民币国际化。

人民币国际化既是全球各国的期待，也是中国的选择，它必将使中国的社会主义市场经济道路成为"不可逆"的民族选择。中国政府最高层为什么下决心推进人民币国际化，不是不知道风险，而是必须迎难而上。其中很重要的一点考虑是：要向国内各阶层释放坚定推进改革开放的信号，中国未来的深化改革将以人民币汇率逐步自由浮动为标杆，所有改革，包括财产化改革、国有企业改革、土地改革等等，都必须以人民币汇率自由浮动为"导向"。试问，当人民币汇率开始市场化以后，中国的经济细胞怎么可能还维持在旧经济时代，包括回到计划经济时代。同时，中国领导人也需要向国际社会发出信号：中国的改革是不可逆的，扩大开放也是不可逆的，中国与世界列强的博弈也包括接受国际社会的监督，包括可以讨论、协商人民币汇率（刚刚结束的G20会议就是证明）。

人民币战略的实施需要国内外一系列配套措施跟进，包括内政外交、宏观调控与供给侧改革等（G20会议公报也提及供给侧改革与需求侧改革的协调），它的范围将涵盖实体经济与虚拟经济。

人民币战略是宏观的，也是具体的，比如2016年2月底G20会议在中国上海召开。中国宏观经济管理高层与全球主要国家的财经界高官共同聚会，研究全球经济稳定以及各国汇率政策。在这个会议上，中国央行行长周小川第一次明确承认，中国目前的货币环境是稳健偏向宽松。不要小看这个表态，它是针对全球各国、尤其是西方国家长期批评中国央行政策透明度不高的回应。近二十年了，中国央行包括中国政府一直使用"稳健货币政策"的定语来概括货币环境，无论货币环境如何变化。直到不久前，李克强总理包括中央文件仍然使用"积极的财政政策与稳健货币政策"的定语。以前人民币没有成为世界货币的可能性，我们如何说，与全世界无关；现在人民币已经加入SDR，未来人民币将成为国际货币，人民币汇率怎么定价全世界必然关心，这个关心也会延伸到中国的货币环境。这是第一次改变，而这个改变恰恰是因为国际社会的博弈，是因为人民币国际化：人民币要成为世界货币，中国的货币政策必须更接近实际，更加透明，不能老是用"稳健货币政策"一词。终于承认中国的货币政策是宽松的（不是稳健的），全球市场对人民币汇率未来走向才能有正确的评估。

2016年，是人民币国际化的元年，也是国际社会对中国充满期待的一年，全世界都在紧盯着中国，看中国如何深化改革，看中国如何应对全球热点事件，包括如何通过人民币汇率市场化推进中国经济的市场化，包括在人民币走向世界的过程中中国与世界如何实现你中有我、我中有你，如何通过金融市场全球化真正地融为一体，从此走向和平发展、和平竞争，永远不打仗。人民币战略是具体的，也是潜移默化的。在中国渐进式的改革中，人民币战略将一马当先。

人民币的国家战略，即人民币战略，它有宏观设想，也有微观实施方案，有先有后、有轻有重，当务之急在推进强力供给侧改革的同时遏制经济下滑。

人民币战略的重中之重是通过一带一路，通过亚投行，通过中国企业走出去，而使人民币真正走出去。这个"走出去"的"赢"能不能覆盖"三去"的"输"应该是操盘人民币战略的重要"指导思想"。中国经济还是有好牌在手的。习近平主席反复强调：中国目前仍然处于重要的战略发展机遇期。啥意思？还是有很多内生的增长潜力等待挖掘的，国际大环境也是有利于中国和平发展的，不能轻易错过。更不能主动错过！而只要中国经济能够恢复正常增长，很多机遇自然能够抓住！

人民币战略是公开的，也是隐蔽的，大的方向可以公开，微观操作需要隐秘，不能让对手"看牌"。谁是对手？市场，包括国内市场，也包括国际市场！索罗斯为什么敢于说要做空亚洲货币，包括人民币汇率，其中很大原因是他认定：人民币战略包含汇率向下调整。股市为什么连续暴跌，也是有人民币汇率下行空间很大的预期。此时，操作上就要反预期，甚至要逆周期。

人民币战略属于重大改革的配套，既要跟随供给侧改革，也要多部门相互配合，不仅出牌顺序要相互协调，还要防止各吹各调，乱出牌。要让市场感觉到操盘手思路清晰，逻辑性很强，而不是东一榔头西一棒子，随意性导致没有战略定力，一片混乱。

无论是供给侧改革还是人民币战略，都要有针对性，这种针对性恐怕不仅仅是经济层面。重大改革，不可能人人拥护，不可能符合所有人利益。必须看到：打横炮，搞乱中国，很可能来自内部，而所有的"外国"都想浑水摸鱼。因此，不乱，即是目标，也是当务之急。现在已经有大量事实证明：2015年—2016年初的三次股灾，很大程度是因为境内外敌对势力联手作乱，我们内部的"鬼"有不少！这些唯恐天下不乱（已经在证监会以及各路基金中抓了一些关键性人物）之徒，已经抓了不少，还要抓。但仅仅是抓人还不够，需要我们自己总结、检讨。经济学家也要反思，包括那些反对人民币走向世界的人，也包括那些主张人民币汇率一次性贬值到位的人。

事实证明，绝大多数企业是不同意人民币汇率一次性贬值的，绝大多数股民更不会同意。一次贬值到位，很多企业要破产，股市在击穿"股灾底"后，控制不好，会直奔2000点，人民币汇率下跌也会收不住，全世界都会做空人民币。汇率是没有底线的。人民币战略的重要方向是国际化，但绝不是简单的自由兑换，简单地跟着西方大国，更不是变成国际社会的"嘲笑对象"。中国所处的国际大环境虽然是有利于中国和平发展的，希望中国融入世界的，但担忧的声音很多，骑墙派很多，甚至有等着看笑话、等着落井下石的。

一个非常明显的例子是：中国央行需要适度释放人民币贬值压力，以策应供给侧改革，辅助宏观经济复苏，但像日本这样的国家，已经低迷了近20年，它们想不想"重振雄风"，还有老牌发达国家聚居地欧洲，前些年一场欧债危机，已经把它们的经济梦击碎，它们要不要利用超宽松货币政策，弯道超车。以前，我们是被人家牵着鼻子走——让你升值，你就升值，现在中国的人民币汇率需要适度贬值，它们可能一窝蜂地跟着贬值，还美其名曰是"被动"。日本央行已经这样做了，欧洲央行很快将跟随。2015年，人民币虽然对美元贬值，但综合汇率水平基本是稳定的，2016年，人民币汇率贬值4%左右，日本央行进一步宽松后，日元一下子就贬值2%左右，而且还要继续贬值。

更有甚者，人家的贬值举动还要找到理论根据，还要披上合理合法的外衣，于是，"新广场协议"呼声渐起，要看人民币笑话，要把人民币当靶子。若如此，则是人民币战略的失败！中国央行一再强调：由市场决定人民币汇率。市场在哪？要让人家没有话说，我们必须有自己的市场。而现在是境外市场、离岸市场牵制我们的鼻子走。

人民币战略要有模型测试。人民币汇率既然是综合的，就要想到各种预期：包括对美元、对欧元、对日元，以及商品货币，包括英镑、瑞郎等。人民币不能对所有货币都按照一个尺度贬值，应该有先有后，有轻有重；同时，人民币汇率必须与国内资本市场相协调，要充分考虑到国内宏观经济的诸多风险因素——只有在宏观经济稳定，股市基本稳定的时候，才能适度下调人民币汇率！

理论指导很重要，模型测试很重要，各种预案很重要，现在不能说没有，但实践结果才是检验理论的唯一标准，而通过实践修正理论、修正预案，这也是人民币战略的组成部分。

要让汇率"动起来"

当汇率相对稳定时,没有人想到汇率,当人民币仍然只在中国大陆流通的时候,中国企业、老百姓,甚至全世界都不在乎人民币汇率。但人民币汇改的大方向就是要动"汇率",启动汇改的第一步就是"动起来"(参见我2005年6月21日的《国务院内参文章》《何志成给出人民币改革的时间表》)。这份内参的最关键一句话就是,"要让汇率动起来"。这份国务院内参上报政治局以及相关部委后一个月,人民币汇改正式启动!

治大国若烹小鲜,汇率应该自由浮动,但在成为真正的国际货币之前,绝不能人为地操控其大幅度波动,更不能弃守,任人民币汇率急升急贬。国际货币的汇率波动是正常的,第一次走向世界的人民币汇率大幅度波动也是正常的,但要防范被恶意做空以及被逼迫升值。汇率的主导权在中国,但必须有外汇市场,否则人家一定会说:人民币汇率是被政府操控!汇率是汇改的核心,也是人民币战略的核心。

如果说,2005年我提出的建议是人民币汇率应该缓慢升值,以增强人民币的国际影响力,到了2015年,我的建议则渐渐演变为"要控制人民币汇率的升值节奏,在中国经济下滑背景下,应该尽可能地释放对综合汇率适度贬值的信号，尤其是对欧元、日元。"我在2015年初已经预测，随着中国经济下行压力加大，人民币在加入SDR——"入篮"之后，汇率应该向下调整。为什么？"汇率"是政治，而且是国际政治！

虽然全世界尤其是发达国家都在担心人民币汇率无序贬值，但在中国经济下行压力很大的时候，各国都可能容忍人民币汇率向下调整。如果想到2016年10月1日国际货币基金组织将再度表决人民币"入篮"一事，早一点贬值就比晚一点贬值好，"入篮"前贬值就比"入篮"后贬值好——尤其是大幅度贬值。

"准入篮"前的人民币汇率需要适度坚挺——这是维护形象，"准入篮"后人民币汇率需要更贴近市场，适应中国经济下行的基本面，给所有出口企业以喘息之机，同时向所有中国（包括外资）企业发出人民币汇率将自由浮动的信号！

最重要的是建立人民币汇率交易市场，它的时间表需要大幅度提前！这是考验管理层执行人民币战略是否坚决的一道坎。现在，反对人民币国际化的声音一大片，更不要说建立人民币汇率交易市场。

2016年节后开盘第一天，中国央行推出人民币汇率指数夜盘交易，同时推出China Foreign Exchange Trade System（CFETS）夜盘交易，人民币汇率指数与人民币汇率（兑美元）却连续几天暴跌，它给市场带来的不是惊喜，而是惊吓！

古训（成都武侯祠的著名对联）说："能攻心则反侧自消，从古知兵非好战；不审势即宽严皆误，后来治蜀要深思。"汇率是人民币战略的核心，测试汇率的市场承受度很关键，测试境外市场对人民币汇率的干预能力，也很重要。这是中国央行推出

中国国家金融战略路线图解读 / 27

人民币汇率12小时连续买卖的初衷，但一下子推出一大堆改革举措，违反了"测试"的初衷，尤其不应该与中国股市熔断机制一起推出，导致股汇双杀。

维护人民币汇率稳定是一场战斗，推进人民币汇率市场化更是一场战斗。

汇率是市场说了算，还是政府说了算？市场是有局限的，所以要（更好地）发挥政府的作用，但要考虑政府的水平，考虑政府的局限，政府只有懂得市场、有驾驭市场的经验，甚至能够高于市场、预判市场、洞悉市场，才能在汇率调控中更好地发挥作用。

汇率是很复杂的，市场更复杂，国际市场尤其复杂，很多时候对手在哪，敌人在哪？根本不知道。如果政府不管，汇率完全由市场决定，政府反而轻松了。以前政府是不管汇率的，让中国央行下面的外管局去管，天天出一个中间价，命令几家商业银行围绕中间价买卖几手就可以了。但是，这不是市场，更不是市场经济。

人民币战略就是要真正的市场化，首先是扩大市场的参与者，中资银行、外资银行、大型国企、外企，直至股份制企业，都要参与；还有外围，商业银行都要开"汇率"的买卖盘，供所有企业以及投资者做交易，成为一个大系统、大市场。可以设想一下，如果这样的汇率市场形成以后，证监会还会不会强行推出熔断机制，强行推出注册制？不要以为美国总统不会管美元汇率，那是因为他充分授权美联储了，美联储名义上是私人机构，其实其最高领导是由美国总统任命的。美联储主席的责任之一，就是保持美元汇率的稳定，保证美国货币政策与美国国家战略的契合。在美国，证监会（证券业管理机构）很弱小，几乎听不见声音，但美联储喘口气，全美国都地动山摇。这就是汇率的力量。

　　未来的中国经济，汇率所起的作用也是牵一发动全身的，但决定汇率的一定不是国务院，更不是党中央，而是市场。这个市场不是无序的，所有参与这个市场的机构都必须在中国央行（外管局）备案，历史清白，符合诚实守信的原则，有资金实力。中国央行有责任代表中国政府监管这个市场，尤其是监管这个市场的参与者。目前，事实上已经出现两个人民币汇率市场，准确地说，在国内人民币汇率还没有市场化前，境外的人民币汇率市场却出现了一大堆——离岸市场！我初步算了一下，欧洲有两三个，其中伦敦最大，法兰克福以及巴黎都在筹建；亚洲有两个，新加坡与香港；美国已经有了。也就是说，SDR中的主要货币，除了日本，都有了。有意思的是，亚洲与中国贸易往来最大的两个国家，韩国与日本都没有。这很说明问题！离岸市场是干什么的？韩国没有，那是因为韩国与中国关系好。日本没有，那是因为日本政府很犯忌——要不要惹怒中国。很显然，离岸人民币汇率市场有时候是搅屎棍子——日本不是不愿意搅，而是太明显，担心报复——但是，为什么（CFETS）们会存在，会很热闹？因为中国大陆还没有这样的市场，他们有空子可钻。未来的人民币汇率谁说了算？如果我们为别人大开方便之门，把人民币的定价权拱手相让，汇率就不会是中国人说了算，中国经济的命根子就会被"外盘操控"。

盯住一篮子货币，盯住美元、欧元

关于人民币汇率是否需要紧盯美元，在我国是有很大争论的。23年前，我国的外汇储备只有183亿美元，2003年增加到3380亿美元，2015年最高峰时一度增加到4万亿美元，随后开始减持，2015年底外管局公布的数据是33000亿美元。在这个过程中中国的汇率政策就是盯住美元。关于为什么要盯住美元，朱镕基曾经说："美元是世界第一大货币，我们现在就紧跟着美元，你升我也升，你贬我也贬，我们就这么走。国际货币基金组织总裁科勒，原来是德国财政部副部长，跟我见过几次面，那时他一再向我推荐要搞一揽子货币。我们也做过一些测试方案，最后我们还是没有采纳他的意见。我们紧盯美元的政策没有错，而且得到很大的益处。"

2016年决定再度汇改，很多人解释，中国的人民币战略将改为脱钩美元，改为盯住一揽子货币，也就是G7货币。我测算了一下，起码到2016年2月，中国的汇率走向仍然以盯住美元为主，因为在没有外汇市场的情况下，很难出现一个（综合的）"人民币汇率指数"。

所谓全球货币体系，主要指大国货币，也就是Q7货币。我们通常把G7货币称为国际货币体系的支柱或曰主要货币，它包括美元、欧元、日元、英镑、瑞郎、澳元和加元。中国的对外贸易以及投资往来，也主要牵涉这7种货币。由于人民币在2015年10月1日已经"准入篮"，因此，新的国际货币体系应该包括人民币——当然应该在2016年10月1日以后才能算数——而我一直认为：没有与全球市场接轨的外汇市场，人民币很难成为真正的国际货币。

盯住美元，简单，好处也多，但我们总怕被暗算，因此很早我提出"鸡尾酒式的外汇储备投资战略"，既盯住美元，也参考其他主要非美货币，包括欧元、英镑，至于日元，也要盯住，但这种盯住并不是"捆绑"，而是注意日元的起伏——它是一个波动性很大的货币。外汇储备盘子日元比例要少之又少，只适宜逢低买入，短线操作。

日元起伏大，赶不上新兴市场经济国家货币汇率的起伏大，其中原因之一是"小"，相对于股市中的小盘股，很容易被炒作，所谓"携带式"交易货币、息差交易货币，形象地说明买卖小货币，目的不是贸易与储备，而是"炒作"、"投机"。

中国是大国，很快将成为强国，但人民币作为最新的国际货币，其汇率波动可能更具新兴市场经济国家货币特征，也就是会"波动剧烈"，会被"炒作"、"投机"，因此，盯住美元、欧元这样的大货币，人民币汇率可以避免极大的波动。

但有一点必须强调，人民币不是港币。港币虽然名义上可以自由买卖，但它不是国际货币。为什么不是？一是因为它太小，二是因为它完全紧盯美元——稍微联系汇率制——这样的货币不可能成为自主性很强的国际货币。要成为国际货币，不仅要大，要容许投资与一定程度的"炒作"、"投机",关键点是必须建立以它为主要交易标的全球外汇市场。

未来一段时间——主要指中国境内的外汇市场建立之前,人民币汇率形成或曰波动依据,主要还是参考美元。人民币走向世界,并非取代美元,相反,人民币必须相伴美元!在全球货币体系的演变中,美元之前,英镑是老大,后来日元想当老大,结果被打入边缘。欧元成立之初的目标,就是取代美元的霸主地位,结果怎么样,一场欧债危机差一点导致欧元区解体。我们不要轻言人民币取代美元(当第一),这个历程恐怕要20年。美国不仅是全世界政治经济最稳定的国家,也是金融市场尤其是外汇市场最发达的国家。美联储的货币政策变化为什么最平和,为什么保持较高的货币政策透明度,因为它已经习惯了做全球央行。美联储主席在2015年8月召开的货币政策会议上,就8次提及中国、提及人民币,不是干涉中国内政,而且放眼世界,充分考虑大国经济、大国货币对全球金融市场的影响,尤其是股灾发生后可能导致的冲击。2016年1月18日,中央财经领导小组办公室主任刘鹤与美国财长雅各布通电话,商讨人民币汇率问题,结果是,很快,人民币汇率止跌企稳。2016年2月3日,中国副总理汪洋再度与雅各布通电话,商讨人民币汇率问题,结果导致当天午夜美元指数大跌,人民币汇率(离岸价)在两天内反弹800点,与境内人民币汇率中间价基本持平。事实说明,人民币仍然盯住美元,而且与美国政府有密切合作关系。

为什么要盯住美元?盯住它,不是捆绑它;盯住它,主要考虑的还是安全——在过去的历史上美元最少发生"黑天鹅"事件——即使是出现巨大波动,也不会一年波动率超过10%。

除了美元，还要适度盯住欧元，但所谓盯住，只是从贸易和储备出发，重大货币政策协调无法进行，因为欧元区毕竟有十几个国家——欧洲央行很难与美联储相比。

目前，中国政府外汇储备中60%以上为美元，这就是以美元为"酒"、其他货币为水的汇率政策。这个比例是比较高的，客观上说明人民币仍然在紧盯美元。中国储备第二多的是欧元，也是未来需要"盯住"的主要货币。欧洲作为西方国家中对中国亲近度相对较高的地区，也是中国对外贸易最活跃的地区，自欧元诞生以来，全球各国为了平衡外汇储备，包括贸易结算，都有略微向欧元倾斜的迹象，欧元也算是"不负众望"，一度辉煌。但我观察，即使在欧元最辉煌的时期，中国的贸易结算大约也只有10%左右使用欧元——虽然中欧间贸易往来巨大，但企业仍然喜欢使用美元。这从一个侧面说明，欧元的波动率使中国企业感到不方便、不适应，尤其是在没有外汇市场对冲保护的时期。由于欧债危机持续的影响，很多欧元区国家仍然处于不稳定状态之中，因此，虽然中国储备的欧元相对较多，但盯住欧元，要考虑占比，适度减少占比。目前人民币汇率尤其是所谓综合汇率指数仍然处于保密状态中（没有市场，也就很难测算综合汇率），我猜测，欧元占人民币"篮子"的比重不会超过30%。

我一直主张不要太紧密地靠近欧元，更不要捆绑欧元，相反，要择机减少、逢高卖出欧元储备。作为"无国界，无国家背景"的货币实验，欧元能够走多远是需要时时警觉的。主要原因是欧元区国家经济、市场千差万别，包括地缘政治受中东、非洲，包括俄罗斯的影响很大，其货币稳定的基础是无法与美元相比的。中国的欧元区储备最高峰时超过40%，2015年中

中国国家金融战略路线图解读 | 33

国政府减持外汇储备，相对减持较多的是欧元，目前储备占比大约在30%，这一点有些出乎市场意料，但我认为很正确。君子不立危墙之下，2015年美元强势，欧元相对走弱，证明中国的外汇储备战略是正确的。2016年市场震荡，但最终胜出的仍然可能是美元。

人民币第三个需要"盯住"的是英镑，这个盯住更不是捆绑，而是学习。人民币要向英镑学什么？学习建立像伦敦那样能够影响世界的国际金融市场，让人民币成为像英镑那样按照市场需求而波动的国际货币。中国与英国交往很密切，人民币与英镑相互间也有互换关系，但中国储备的英镑并不多，这是因为，中英间的货币兑换主要用于金融市场调动，贸易结算比重要远远小于中美间、中欧间。并且必须看到，英国作为超级大国下面的老牌列强国家，对外交往"势利"，谁给钱多，为谁说话。中国给它钱，给它人民币汇率离岸市场的机会，它就跟中国友好，而日本也给它，它就帮助日本说话，一个典型例子是：2015年习近平主席刚刚离开伦敦，它就伙同日本在中国南海问题上组建"统一战线"，对中国施压。它今天能够在南海问题上在中日间玩平衡，明天就可能在人民币与日元之间玩平衡，英国是一个既需要学习，也需要防范的国家，英镑不能作为主要储备。

英国的货币政策及地缘政治环境不能说很差，但绝不算稳定，比如英国央行在货币政策上的出尔反尔，它在2016年很可能要举行是否脱离欧盟的全民公投，这是英国政治最大的不确定性。目前中国政府储备的英镑大约只占外汇储备总量的5%，这是合适的比例。2015—2016年英镑汇率大幅度回落，说明中国政府减少英镑储备的决策正确。

日元是人民币之痛。中日间贸易往来很大，但中国政府储备日元很少，前两年中国央行曾经大量买入日元债券，我和很多经济学家都有批评——不能对"对手"货币支持过多，更何况日本的财政状况很差。近两年中国政府开始一点点卖出"日债"，目前持有量很少，日本央行私下里多有怨言。我是反对货币战提法的，中日间也很难打起货币战，因为我们根本不怕日元贬值，人民币贬值升值也与日本经济关系不大。但中日间早晚将为了"谁是亚洲货币老大"展开"博弈战"，其特征不是争着走弱，而是争着走强。也就是说，要通过经济实力，贸易影响力，争取亚洲国家"选边站"——这一点我们已经从近期日元汇率的表现中可以看出端倪，人民币汇率走弱，它就走强，而且是对亚洲货币全面走强。都说日本经济已经停滞了20年，那是胡说八道，日本经济虽然不能说很好，但绝不是很差，因为日本的GDP以及利润的主要来源是海外市场，我们看到的日本GDP包括它的财政状况都不能真实地反映日本国力——它的民间（外汇）储备很高。而且，日本是一个崇尚创新的国家，其产品内涵的创新价值是不能低估的。

很多人说日本是一个野心很大的国家，但此一时彼一时了——今天已经没有常规战争，战略空间狭小是日本永远不能成为大国、强国的主要障碍，它今天野心再大，也很难撼动中华。即使从货币汇率的角度讲，也很难看出日本是个正常国家，其货币政策跟着美联储走的迹象很明显，听美国指挥的特性也很明显。

因此，今天以及未来的亚洲货币体系博弈——主要是人民币与日元的博弈，美元很关键。它希望日元对人民币让步，日元就得让步，它如果有意识地挑起中日间货币摩擦，也很容易办到。因此，所谓中日间的货币博弈其实质也是中美间的货币博弈！以前，美国曾经大力打压日元汇率，这两年则希望日元汇率相对走强，一方面是为了减少美元走强对（美国企业）贸易竞争的压力，另一方面也是希望日元稍强，在亚洲站住地盘，牵制人民币不要很快取得区域优势。

目前日元在国际货币基金组织即SDR的占比稍微低于中国，但在世界银行中的占比又高于中国，其国际地位与人民币旗鼓相当，应该说是处于可进可退的位置。中国推选的世界银行领导人刚刚被任命为世界银行的二把手，这是个标志性事件，因为该组织的一把手肯定是美国人，二把手通常是日本人，这一次，美国让步，同意中国政府推荐的人选，既说明人民币在世界银行的地位很可能提升，也说明美国在玩平衡。由于中国庞大的经济实力尤其是远远高于日本的市场，美国不可能太偏袒日本。最近，美国政府一个劲地向中国政府发信号，联手国际金融市场，维稳人民币汇率，这当然是日本政府不愿意看到的。

从经济发展的大趋势看，中国未来将远远地甩下日本。从地缘政治角度看，日本更无法与中国抗衡。日本毕竟是太平洋国家，而中国才是真正横跨亚洲大陆的国家。2015年，中日之间在高铁问题上角逐东南亚，中国最终胜出，而习近平出访沙特、伊朗，也说明未来西亚、中亚，包括中东的铁路，日本都无法染指。为什么？这就是战略空间的优势所在。日本虽然有高技术，但无法实战，无法跨越中国这道墙，相反，中国已经修了全世界90%的高铁，无论是技术还是金融支持，中国都明显占据上风，更何况，中国的西边就是中亚，连接中东。

如果说日本还有一点点影响力,它打的也是美国牌、悲情牌、南海牌。我相信,中国的一带一路计划,将极大地刺激日本,全球能源品的下跌,也相对减少了中国与其他国家在南海发生冲突的可能性。中国会顾全大局,一路向西(降低全球对南海、东海的关注度),届时,不仅中日间的国际影响力将彼消我长,而且经济实力也将拉开差距。目前中国的人民币战略就有意识地晾着日元,一旦中国建立了与全球金融市场结构的外汇市场,亚洲货币中心就将在中国建立,日元将在亚洲被边缘化,直到征服日元——让其"称臣",承认中国是亚洲老大,承认人民币将代表亚洲在世界货币体系中发言。目前中国政府储备的日元占比很少,反映了中国政府的长远战略:日本对中国来说,也就相当于澳洲(可用,但不依赖)!

澳元对人民币汇率的影响力最近几年是持续增长的,包括同样是商品货币的加元。由于中国已经是全世界大宗商品包括能源最大的进口国,商品货币(澳元、加元)必然是中国企业紧盯的货币之一,也必然是中国政府储备篮子中变化很大的一部分。由于近两年全球大宗商品以及能源品的暴跌,中国储备的商品货币是逐步减少,但并不等于中国不重视商品货币。中国的人民币战略目标之一,或者说是最关键的战略目标就是要赢得重要商品的国际市场定价权,第一步就是要抢石油定价权。上海国际能源交易中心的原油期货即将在2016年上市,而且是用人民币结算。这一战略计划的实施,应该可以减少我们对商品货币的"依赖"。

从历史趋势上看,商品货币是波动率很大的货币板块,这源于大宗商品与能源品的波动率相当大,受影响最大的就是澳元、加元,尤其是加元。加拿大是全球石化能源储量最丰富的板块之一,但由于它地处高寒地区,原油开采成本很高,因此它只是地下的"储油罐",只有远期意义。这两年由于美国页岩气的开发,中国探明的页岩气储量巨大(中国也有地下"储油罐"),因此加元受国际能源品价格下行趋势压力越来越大,最近弱势明显,未来两年左右也会维持弱势特征。中国大宗商品以及能源的进出口结算目前仍然以美元为主,这样的选择也是考虑货币汇率的稳定性——使用商品货币无法规避汇率波动风险。在全球经济下滑,大宗商品市场战略地位下降的背景下,商品货币想成为世界主流货币很难。澳大利亚、加拿大是政治环境相对很稳定的国家,但除了国土面积很大的优势以外,对国际市场的影响力主要是"大宗商品及能源品"。它们的人口太少了,产业单一、经济单一,对世界经济影响力不会很大。在国际货币体系中,它们有点像股票市场中的小盘股,弹性大,波动率快且高,是各国外汇储备的"调仓对象",也是外汇市场炒作的投机对象。亚太地区,包括全球外汇市场投资者很多都喜欢买卖商品货币,不是要用它,而是投机它。这也从一个侧面说明,外汇市场必须有投机,也必须有投机货币板块。

从以上分析中可以看出,所谓盯住一篮子货币,其实就是盯住美元、欧元。对中国的人民币来说,可能要多注意日元,但要少扶助日元,因为对人民币长远战略来说,要想成为亚洲货币老大,成为世界货币体系中的前三名,第一个要防范并且攻击的货币就是日元。

正如我以前所指出的:人民币汇率战略切忌"全面树敌,依次用兵",要"远交近攻",当前的重中之重是联合美元,稳住欧元，团结英镑以及商品货币，伺机"攻击"对人民币威胁最大的日元，而这种攻击不是一味地打压，而是借力打力，抓住日本政府货币政策的漏洞。比如，日元不是想跟中国竞争亚洲老大吗？不是希望用强势压住人民币吗？我们就因势利导，任其强势，待它到强弩之末，再一举攻击，而且是联合全球主要货币一起攻击，让日元强势瞬间成为幻影，信誉受损，只能眼睁睁地看着人民币攻城掠地。

世界货币体系是长期存在的，是必然相互依存的，日元再"恶"也是主要货币，所谓攻击不是消灭，只是取得相对优势，让日元摆正位置，尤其是在亚洲的位置。而这一战略的实现恐怕不是货币政策汇率政策单独作用所能见效的，最终还要看双方宏观经济尤其是对外贸易的此消彼长，看中国经济能不能长期领先亚洲，压住日本，最关键的博弈是市场——谁能建立具有国际影响力的大金融市场（外汇市场）。一带一路规划不仅是中日间在高铁上的博弈，也是人民币与日元在占有率上的博弈，它将很快延伸为"市场博弈"——谁站在金融市场的制高点上，谁就能引领亚洲货币，进而成为全球第三大货币。

向美国学习如何利用对冲机制

六年前我撰写了《保卫人民币》一书,其中探讨了美元战略与人民币战略,这个"战略"是不能成书的,甚至不能提,因为它是国家最高战略,虽然它确确实实存在,但对手也存在,它们都希望知道这个战略的核心是什么,因此,高层不能说——只有经济学家可以通过一件件事情去梳理。

我指出:从战略高度把握汇率市场的能力讲,中国要像美国学习,中国央行则要学习美联储,不仅要操控汇率,更重要的是学习如何"操控"市场。很多新兴市场经济国家的实践证明,在市场面前,政府是无能为力的,比如它们汇率市场的大起大落、暴涨暴跌。同时我大胆地指出:在人民币走向世界之前(包括之后的一段时间里),人民币汇率会如小国货币那样急剧起伏,中国股市则会暴涨暴跌。因此必须要有成熟的理论指导,抓紧培养操盘手,立即建立外汇市场。

为什么我很担心?市场不成熟,甚至可以说,没有市场。2015年—2016年初的中国资本市场更加剧了我的这种担忧。没有与国际市场接轨的金融市场,没有金融市场全球化的预期,不仅是市场不成熟,管理市场、监管市场的人都不成熟——不幸被我言中。不敢学习美国,是我们很难实施真正市场经济的心理障碍,而为什么不敢学习美国,恐怕不仅仅是因为意识形态,还有另一个原因是:我们缺乏美国那样的大国情怀!在悲情主义情绪的笼罩之下,阴谋论盛行,天天怕天塌下来,很多人相信鹰派人士天天喊的:中美终有一战。所有远程导弹都对准美国,谁还敢学习美国——尤其是美国在资本市场管理方面的经验、方法。

从我的实践经验看,最成熟的市场还是美国的市场,最成熟的管理经验,主要在美国、英国。向谁学习市场经济?最好是美国,其次是英国。要不要向欧洲、日本学习,也应该,但它们更多的是教训,尤其是金融市场运作以及货币战略。美国未必最好,也未必是制度的样板,但它的确比其他国家好,比中国更好。

金融市场制度设计是人民币战略的关键,它不仅是日常运转所需,更是重大危机爆发时的防范机制。要知道,重大的经济危机、金融危机都是"偷袭",正常反应往往来不及,比如我们刚刚经历过的三次股灾,几乎没有一个专家发出预警。而我们总结这几次股灾,很大程度是制度设计有毛病,又不知道如何克服这些毛病。危机是难以避免的,问题是如何减轻危机影响,关键点在不要老是出现危机!

美国也一样会爆发金融危机,比如2007年—2008年的次贷危机,回过头看,这场危机似乎对其他国家的影响更大,绝大多数美国企业和投资者在危机不久不仅挽回了损失,财富还增加了。即使从危机爆发之后的市场表现看,美国实体经济稳定,虚拟金融市场运转正常,国家的稳定性基本没有受影响。

如何做到这一点,除了美国政府应对措施及时到位,金融市场制度设计本身具有的抵御风险功能，居功至伟。比如股指期货市场对冲功能。有一个例子是最能说服人的：美国次贷危机爆发后美元指数下跌了900点左右，随后反弹，用了大约4个月就回到原点，然后是回到经济景气点上方——美元指数从71到90，用了刚好一年。

总结美国经验：

1. 维护金融市场稳定是主要抓手，而稳住市场的关键点在保护企业，为此，国家要不惜血本，甚至直接购买企业股份——供给侧改革其实是美国货——即使再度扩大债务也在所不惜。

2. 一定保护投资者，尤其是资本市场的投资者。国家救市不是采取关闭期货市场的方式，而是坚持自由市场经济原则，用国家的钱维护资本市场信心，打掉做空势力，防止资金外逃。

中美对比，我们差在哪？首先，金融市场设计必须是完善的、国际化的、具有强大避险对冲功能的，这样的市场才不会在经济危机来临时反向推波助澜，才能起到稳定器作用。中国虽然有股市，但没有外汇市场，股市又缺乏对冲机制，大宗商品市场一般投资者都不能参与。这种市场设计，名曰保护普通投资者，其实是自断手臂——投资者没地方跑，也就无法通过避险对冲来保护缩水极快的资产。美国的企业已经很习惯通过全球市场的期货机制来对冲避险，美国金融机构设计的对冲"金融商品"可以写上千页的书，投资者日常投资都要做对冲保护，遭遇重大风险，各个市场的相互对冲机制立即启动，国家企业的资产负债表不会因为市场价格波动太大而出现重大亏损。我们的现实情况是，国家金融市场制度设计忌讳"对冲"，限制金融期货，统统将其视为"赌博"。企业家群体几乎没有使用虚拟金融市场金融工具避险的经验，即使有些企业有这样的经历，也是长期搁置不用，只有逼急了才想起。一般投资者更惨，他们避险的唯一方式就是割肉、斩仓、止损，结果必然是反向推波助澜，导致股指期货市场一路狂跌。从心理学角度分析，绝大多数股民都是初级操盘手，他们的做法不是反人性的，因为人性一方面是贪婪，一方面就是恐惧，他们应对不确定性的唯一选择，就是恐慌性杀跌。

虚拟金融市场是人民币战略的制高点，中国若想超越美国必须占领这个制高点，要尽快完善市场——而第一步可能是理解市场。虚拟金融市场的最大功能不是融资，更不是赌博，而是避险，这一点要正名。所谓让企业家包括投资者都懂得如何在现代金融市场中游泳，就是要鼓励他们学习现代金融市场的避险功能，掌握避险金融工具。国家要更快地开放与国际市场接轨的虚拟金融市场，同时要积极培育懂得避险的好企业，宣传它们，引导市场。

人民币战略的当务之急是恢复信心

让人民币有序贬值、适度贬值肯定是有利于实体经济复苏的，但贬值过快，打击信心，这是两难。必须考虑实体经济的承受力，更要考虑资本市场，或曰虚拟金融市场对信心的危及。人民币汇率急速贬值，会不会引爆人民币资产急剧贬值，导致地方债危机爆发、商业银行坏账危机卷土重来，不是不得而知，而是应该在模型中有预判——如何防止是关键！

2016年初中国股市随着人民币贬值而暴跌，全球股市随着中国股市暴跌而暴跌，所谓"股汇双杀"犹如洪水泛滥。第三次股灾发生，其冲击波不仅波及中国香港，而且波及全球新兴市场经济国家，包括很多发达国家。不是中国股民没有信心，全世界对中国经济都画问号。虽然中国央行在香港阻击做空人民币汇率的外资初战告捷，但随后第三次股灾爆发使我无法为这一战役点赞，相反，我仍然担心索罗斯是不是还要再来。

恢复信心是当务之急，汇率是关键。为什么？全世界都看着中国！现在谁都知道，中国经济是存在巨大隐患的；谁都知道，中国政府在处理虚拟金融市场方面缺乏经验。虽然，政府一直强调："政策储备很充足，有的是弹药。"

2016年，经济危机包括金融危机已经不是在敲门，而是进门了！多年积累的问题，包括严重的产能过剩，极高的（大宗商品和房地产）库存，已经难以为继的地方债，都在冲击金融市场尤其是商业银行；过去多年，中国内地高利贷泛滥，由于利差驱使，大量企业尤其是房地产企业靠借外债生存，如果人民币汇率急剧贬值，外币集体升值，这些企业就要倒闭。

2016年初很多经济学家都已经转向悲观，股评家更是悲观，更危险的"炸弹"可能在房地产，全中国已经没有专家敢说房价上涨了，相反，极大的忧虑笼罩在房地产市场。

现在，中国国民资产的70%左右体现为房地产资产，房价涨跌牵动亿万家庭。中国老百姓有着全球第一的房产偏好。他们虽然绝大多数并不富裕，但几乎所有人都有房产，为什么？被通货膨胀吓怕了，被高房价吓怕了。而趋势一旦逆转，很少人能反应过来。

股市事关信心，房地产更可能打击信心。为什么？因为股民只有几千万，房地产业主却有几亿！有人很悲观，预言到2017年底，中国老百姓的房产，全部归零，怎么这样悲观？拿股市类比，拿宏观经济类比。

我连续发表文章，驳斥这样的歪论。我首先问：2016—2017年的宏观经济增速最低是多少？主张房地产财富"归零"的人预言：2016—2017年中国的GDP最低5%，我指出：不可能！宏观经济指标具有极大的关联性，货币流量在2016年1月份为贷款增长近2万亿，M2维持在14%以上，相对应的GDP不可能到5%，除非大量贷款成为坏账！再看改革，看一带一路，看各地上报的基本建设项目，我可以预期，7%是底线！还要看房地产政策，中国政府与老百姓没有仇，不可能置老百姓的财富于不顾。房价会稳定，所谓"找不到买主，贱卖都没有人接盘"，那是胡说八道。

人民币战略的当务之急是恢复信心，包括股市信心，房地产市场的信心，以及宏观经济的信心。要防止股市崩盘，防止房地产市场硬着陆，防止实体经济整体亏损。

很多人对供给侧改革理论怀疑，认为既然是痛下杀手，倒闭的企业会有一大堆；既然不会放水，货币政策就不能为宏观经济企稳保驾护航。这些观点也要修正。谁说供给侧改革只是痛下杀手？一带一路计划将盘活很多产能过剩企业，新的创新创业正在兴起。我注意到，产能过剩最严重的钢铁行业已经在2016年1月份出现转机，价格悄悄地回升，如果一带一路计划开始实施，钢铁行业将整体复苏，同时也会带动其他行业复苏。谁说供给侧改革就是不放水？2016年1月贷款增长近2万亿，不是放水？

供给侧改革主张精准放水，一带一路需要流动性，必须保证；亚投行与人民币走出去都需要资金支持，必须保证。财政已经放水，中国央行怎么可能不放水。其实，高层已经通过行动在告诉市场：供给侧改革不是容忍经济下滑的"遮羞布"，也不是紧缩。全面宽松肯定是不对的，但适度刺激是必须的。所谓"维持不切实际地高增长"那是"彼一时"，现在是"此一时"，人民币战略的主基调是稳增长、保增长，货币政策要跟上，必须定向刺激——定向宽松。

人民币汇率需要继续贬值，但不存在大幅度贬值的空间——2015年8月11日至2016年1月29日，人民币汇率离岸价已经贬值10%，这是一条红杠，事关人民币的脸面，在岸人民币汇率目标位差不多就在这条红杠附近。

稳住信心与实际操作关联性很高，一味地靠出售外汇储备来保住高估的汇率，当然不行，因为子弹不多。一味地"死守"，将演绎成不得不贬值，不得不大幅度贬值。要转变思路，依靠货币政策调控。但宏观经济没有企稳，降准、降息都有麻烦。因此，人民币战略的顺序应该是：先稳住虚拟金融市场，稳住房地产，稳住信心，待一带一路计划启动，宏观经济新的增长点出现，再继续调整汇率。目前，要发出人民币汇率基本调整到位的信号。

稳住信心，不仅是对内，对外更重要。很长时间以来，人民币都是国际社会的榜样——汇率波动性很低，中长期升值趋势明确，现在要逆转了，中国企业受不了，国际社会也要适应。既然人民币要国际化，就要像所有的国际化货币一样，随着市场波动，保持与其他货币差不多的波动率，10%不算太多！

必须看到，全球经济信心在2008年以后一直处于不稳定中，中国经济能够率先稳住，对全球经济影响很大，这也是人民币战略的组成部分。人民币在国际货币中是后来者，怎样后来居上，必须有精彩亮相，2016年很关键。

同时，中国政府也要亮剑，展示我们对抗恶意做空、恶意做多的能力，随时捍卫"以经济基本面为轴心的汇率波动空间"，防止大起大落，暴涨暴跌。要多用市场的方法，少有强行干预，多做提前预判，微调，避免被动。

2016年10月1日很关键，我们既要保证这一天国际货币基金组织投票能够通过，还要预想人民币真要国际化了，汇率真要由市场决定了，有管理的自由浮动汇率制要来了，我们能不能应对？预案与模型，有没有包括中国境内的人民币市场？现在欧美各国并没有施压中国必须建立人民币交易市场，那是他们留了一手！中国没有这样的市场，他们建立在境外的人民币汇率市场就有"市场"！他们就可以通过离岸人民币汇率影响中国境内的人民币汇率，进而影响中国企业对宏观经济运行的信心。SDR已经全票通过，给人民币发了入场券，那仅仅是第一步，我们要多看出几步，防患于未然。

"金融全球化时代"到来

——从人民币汇率震荡看全球经济发展新趋势

第二章

人民币汇率为什么会暴跌?

2015年8月11日至2016年1月20日,短短5个月,人民币汇率下跌大约6.6%,算是暴跌吗?按照国际市场标准,这只相当于"正常调整"(全球主要货币一年的波动率都会大于6.6%,更何况新兴市场经济国家货币)。为什么全世界尤其是中国资本市场反应巨大,认为它是暴跌?因为人民币汇率8年来一直在升值,期间几乎没有调整,更没有急跌、暴跌。习惯了人民币升值趋势的国际市场包括中国资本市场,一下子吓着了!

习近平主席曾经用"腾笼换鸟"一词形容中国经济的转型,权威人士则用"彻底转变"来形容中国经济的新常态——这个新常态应该包括人民币汇率形成机制改变以及汇率的大幅度波动。但人民币会被"腾笼换鸟"吗?看怎么理解!人民币还是人民币,但人民币汇率形成机制要"彻底转变",人民币的流通范围也要"彻底转变",人民币汇率市场更要大变。可以说是要"腾笼换鸟"。

很多经济学家喜欢猜测啥叫习近平经济学,有人还做了大篇幅的概括,没有用(不得要领),尤其是人民币战略或曰国家金融战略,很少有人解读!其实,习近平经济学的核心就是一句话,就是他在十八大报告中的一句话:"要让市场在资源配置中起决定性的作用。"随后提出要在各方面都实施供给侧改革，其实就是市场化改革，包括人民币汇率的市场化。进一步分析，邓小平主导的第一轮改革开放，重在实体经济，习近平主导的第二轮改革开放，则注重全面市场化，尤其是虚拟金融市场的市场化——减少政府干预，减少国有经济的占比。从人民币汇率形成机制角度讲，既要夯实它的根基——实体经济更加市场化，资本市场也要市场化，同时要融入国际市场，通过国际市场的影响力倒逼中国深化改革。"腾笼换鸟"与"凤凰涅槃"是相辅相成的，市场化的重中之重，一是参与，二是学习，在参与中学习，在实战中学习。学习当然需要学费，市场大幅度波动一下，就是交学费。人民币战略是一个比较漫长的过程，中国不能乱，但也不能是一潭死水。人民币战略之一就是让市场扰动原来太平静的那一潭死水。

有人说，人民币国际化是被西方（国家敌对势力）牵动的一场阴谋，它将导致人民币汇率持续暴跌，中国企业将无法生存，老百姓储备资产会灰飞烟灭，最终导致中国灭亡。胡说八道！人民币汇率在还没有国际化之前已经暴跌了，在人民币还没有国际化之前中国股市就已经出现股灾了，中国今天（2016年初）发生的一切困难，包括股市暴跌、经济下滑、企业倒闭、失业增加都与人民币国际化进程无关，起码是关系不大。说境外敌对势力希望人民币国际化，那更是胡说八道。中国在货币政策管理方式上学习西方，那是因为西方国家有一套成熟的经验，同时也是需要西方国家在人民币汇率不稳定时给予一定的帮助。人民币融入西方主导的全球货币体系，长远目标是在该体系中担纲唱主角，但短期着眼点则是希望人民币汇率更加稳定。当人民币汇率急跌时，几乎所有西方国家都保持极大的关注，配合中国央行维稳，很多金融机构紧缩了人民币拆借，就是证明。人家的确看到了，人民币将来有可能成为全球货币体系的主要货币，甚至也看到了，中国经济有可能全面超越西方国家。但更大的战略应该是国际合作，相互提携，不是落井下石，杀敌一万自损八千。

那么，欧洲央行在人民币汇率下跌期间宣布有可能实施更加宽松的货币政策，导致欧元疲弱；日本央行则在人民币汇率刚刚稳住之时宣布进一步超宽松，导致日元汇率下滑200点左右，为什么？可以看看当时的人民币汇率表现，基本不搭界，人民币汇率我行我素。如果说，人民币汇率下跌过猛对全球金融市场的影响。的确有很大心理压力，但没有必要过度解读。人民币汇率影响世界的确存在，但说人民币现在就可以改变世界，还早。

看到人民币汇率大幅度波动，看到中国股市与汇市出现"股汇双杀"局面，看到中国经济下滑给全球经济发出的不景气信号，我们能够抱怨吗？能够说这一切都是境外敌对势力在作怪吗？那是转移视线。怪就怪我们深化改革晚了，怪就怪中国市场与全球市场差距太大——这就是中国央行测试人民币汇率下行压力的结果。不能否认，2016年初的中国金融市场的确经历了"凤凰涅槃"，压力太大！每一个人的微信群都是测试指标，中国股市如水银泻地般地暴跌，更是测试指标。

我则在各种场合提醒大家，所有的一切都只能说明改革很难，而不是改革停滞，只能说明中国经济的确有很大困难，但绝不是崩溃在即。最高层不是在空喊改革，而是充分考虑了这一轮改革会触及很多人的既得利益，其中一部分人正在成为改革阻力。但这些人如同股民——大盘如水银泻地，谁在领跑，谁在跟

中国国家金融战略路线图解读

风，能够看清楚吗？需要通过一系列测试，将"唯恐天下不乱之人"与信心不足、跟风跑路的人区分开。

危机可怕吗？不可怕！首先要看危机的性质，会不会导致崩盘，质地很好的经济体，需要危机测试；还要看危机来临的时间、板块，会不会导致危机失控。看准了，可以容忍！暴风雨是早晚要来的，解决中国一系列极其复杂的问题恐怕只能在暴风雨中了！从某种意义上说，没有危机，还要制造危机，比如供给侧改革理论的出台就是要迎着暴风雨而上，通过去库存、去产能、去僵尸企业，引爆地雷，制造一点点危机，引起企业界、投资者的一点点警觉。但这种性质的引爆绝不是无序引爆，更不是做空中国，区别在管控与干扰管控。从人民币战略角度讲，一方面要坚定不移地推动人民币走向世界，同时也要小心翼翼，一点点测试，将隐藏在中国经济体制中的地雷通过人民币汇率波动暴露得更清晰，将背后唯恐天下不乱之人一个个看清楚，将危机隐患一个个排除。从这个意义上说，人民币汇率改革意义重大，它既是测试市场、测试经济基本面的承受力，也是测试对手。人民币战略是中国经济"凤凰涅槃"的引领者，它将带领中国经济迎着暴风雨前行，走出危机。

客观评价，近二十多年的"风雨平和"其实也是制造危机的过程，而中国最大的"危机点"在金融领域，隐患则在方方面面。人民币汇率暴涨暴跌，尤其是"暴跌"，的确是一系列重大危机隐患有可能集中爆发的预警！

最高层知晓中国经济包括中国政治的现实危险吗，知道危机点在哪里吗？我仔细研究了习近平主席最近的一系列讲话，包括高层一直在提的供给侧改革理论。答案是清晰的：所有问题高层都知道，而且成竹在胸。很多人说，供给侧改革理论似乎没有谈人民币汇率，甚至连金融市场也一笔带过。这好像没有抓住重点，有悖常理。但我在很多文章中指出：没有谈的，可能是最重要的，最不好直接谈的！市场复杂，人性更复杂，理论太细又会引发"口水仗"。我注意到，就在我发表《供给侧理论有必要增加维护股市稳定、人民币汇率稳定的内容》（每日经济新闻，2016.1.11）的文章当天，各大媒体都在首页刊登了中央财经领导小组办公室主任刘鹤为一本书作的序，很多自媒体也集中发表了评论，其中第一段话就写道："（这本书）再次（让我们）领悟'金融是现代经济的核心'——（美国次贷危机、欧债危机）爆发已经7年多，全球经济包括金融市场尽管有所恢复，但依然笼罩在危机的深度阴霾下，这使我们从一个不同于以往的角度再次感悟到'金融是现代经济的核心'，也迫使我们更深入地反思金融风险与金融监管（主要从危机角度认识，反思金融风险与金融监管）的重要性。"他谈到了由于金融监管不到位可能引发的金融危机。

各大媒体发表刘鹤为这本书题写的序言时机也很巧，恰恰赶上人民币汇率暴跌，由此可以理解，政府高层很关注"股汇双杀"，而随后发生的一系列人民币汇率保卫战，正说明了这一点。

人民币汇改是不是有些生不逢时呢？这一点的确需要检讨。刚刚出台人民币汇率指数，刚刚出台人民币汇率市场夜盘交易，人民币汇率就连续暴跌。更可怕的是，人民币汇率与中国股市"股汇双杀"，人民币加速贬值预期引发了全球金融市场的巨大动荡，是不是危机要爆发，要不要停止改革步伐？我的观点是：测试非常成功，证明了中国政府的管控能力，证明了国际市场能够合作，证明了市场能够自主找到底部区域。因此，深化改革，包括人民币汇改不会止步！

凤凰涅槃！人民币汇改也要经历凤凰涅槃，人民币汇率也要经历凤凰涅槃。

中国正在经历一场前无古人的大变革，各个领域都要凤凰涅槃，各种风险也要有意识地适度释放，人民币汇率是中国经济政治的晴雨表，率先动荡可以理解。况且，人民币汇率已经升值近八年，调整一下，没必要大惊小怪。

毫无疑问，当中国央行决定推出人民币汇率指数，推出人民币汇率夜盘交易之时，已经想好了下一步，想好了要付出的成本，想好了可能牵动的市场：要推进中国最关键领域的改革，要想让人民币成为国际货币，必须让人民币可兑换，而且更加自由，因此必须进行测试，必须付出成本，甚至做出牺牲，包括用大量外汇储备去"堵枪眼"。

在2015年6—7月的股灾期间，中国央行为了维护人民币汇率稳定以及救市，动用了大约5130亿美元的外汇储备"堵枪眼"，相当于中国政府外汇储备在短短两个月内减少了13.4%（见2016年1月12日参考消息网）。

而在2016年1月的第一周，人民币汇率与股市暴跌同时发生，中国央行再度动用宝贵的外汇储备"堵枪眼"，这一次据估算可能比上一次更多！外汇储备与人民币汇率同方向运动（大幅度下行），值得商榷。但这是测试，也是试错！

为什么我们的主流媒体要写文章，奉劝老百姓不要急着兑换外汇呢？好心！不要在此时搅局、添乱。但这样的文章没有写结尾：中国政府的目标是，一定让中国老百姓可以自由兑换外汇，同时也要相信中国老百姓会理性选择。为此，中国央行已经做好了准备：

不仅要容许兑换，而且要扩大额度，更加自由——甚至不用再到商业银行柜台。鼠标一点就能完成。但必须经过测试，而且要在关键时间点到来前10个月进行测试——其实，国际货币基金组织之所以要给出所谓观察期，也是希望中国央行有时间进行测试。未来不久，中国人将与很多外国人一样，可以自由选择储备资产的货币符号了，而且中国也要建立与国际市场接轨的外汇市场，人民币汇率会不会大幅度波动，波动以后管控机制如何建立，国际社会如何合作？这也是凤凰涅槃——它是人民币战略的一部分。

　　改革是要付出成本的，有时候甚至要付出很大代价。我们已经看到人民币汇率市场的波动，看到股市的波动，未来还会看到中国宏观经济的波动，很多经济指标都会下行。凤凰涅槃必然波动，必然痛苦，经济转型不是一蹴而就的，未来中国很可能引发投资品市场的剧烈动荡，包括大宗商品市场和全球外汇市场，但波动不是崩盘，"凤凰涅槃"是为了新生，机会就在这后头！

人民币汇率还要大幅波动两年左右

记得我2015年9月在给富士康高管讲课时,该公司的财务总监提的第一个问题就是:何老师,我们怎样理解习近平总书记所说的凤凰涅槃?它对我们企业意味着什么?比如我们现在要不要对冲人民币汇率,要不要做空?

我首先讲了什么叫凤凰涅槃:没有人见过凤凰,并不等于历史上没有这样的大鸟,比如我们现在还能看到的雄鹰,它很可能就是古代文学中凤凰的化身,这种大鸟都是要"涅槃"的。中年的雄鹰经过几十年的搏击已显现出生命的老化:它如刀的尖喙,已不再锋利,并且弯曲成卷无法进食;那对曾让草食动物闻风丧胆的铁爪,也被磨钝了,失去了往日的威风;那对遮天的羽翼,变得十分沉重,无力飞翔。它作为雄鹰的优势已经失去了大半,此时,是不是死神在召唤它呢?雄鹰选择了"涅槃"。首先,它要拼命飞到峭壁上筑巢,再找一块岩石撞击自己的长喙,即使血流不止也要将其生生撞落;在饥寒交迫中(不吃不喝),它不仅要苦苦等待新喙长出,还要时刻提防虚弱的自己不要成为其它动物的"晚餐"。然后,那些老指甲被它如刀的嘴巴生生拔出,以至整个脚爪都血肉模糊。最为残忍的是,在接下来的时间里,它要将自己的羽毛一根一根地扯掉，等待发出"新枝"。尽管它一次次被疼晕过去，但再生的渴望却迫使它坚持下来。

我们的文学总是在赞美雄鹰，在文学家笔下，雄鹰是蓝天的最强者，但谁曾目睹它在涅槃时羽毛被血汗打湿，紧贴着岩石瑟瑟发抖的模样，试想一下，必须不吃不喝，磨光嘴上的所有老喙，拔光每一根脚趾，那是人类难以想象的痛苦。而正是这种脱胎换骨的蜕变，才使雄鹰获得了后半生搏击长空的力量。

习近平主席用凤凰涅槃做比喻，可以想见中国深化改革的难度及痛苦。供给侧改革也是一样。对企业来说，有生有死，对它们所面临的市场来说，则是一场巨变，是风险释放——其实也是适度引爆危机。而这场巨变或曰首先释放的风险就是停止人民币汇率一味地升值。但由此导致的市场预期逆转，可能会让金融市场物极必反，引发人民币汇率急剧暴跌！

这场演讲的时间是2015年9月，我记得很清楚，当场富士康高层就立即拍板，要对冲人民币汇率，主导方向是做空。

我随即提醒：先不要慌，最好等待人民币加入SDR之后再对冲，再做空，来得及，因为一旦对冲，或者做空，就要坚持到两年之后。

首先要回答为什么是人民币加入SDR之后再做空？然后再回答为什么要坚持两年。因为中国政府不可能容许人民币在关键时点出现巨幅贬值，这个时间点就是国际货币基金组织投票通过人民币候选SDR的时间点。为了维持人民币汇率在这个时间点到来之前不剧烈波动，中国央行必须干预，而且可能花大钱干预。考虑到政府干预成本巨大，因此随后的"弃守"才可能震荡极大。它很可能导致人民币汇率遭遇双重打压，即政府主动做空，市场跟进做空，人民币汇率与外汇储备同方向波动，随后是难以控制的暴跌。

为什么要坚持两年？首先是源于中国政府的干预，我始终认为，人民币汇率不可能一步调整到位，同时，中国经济也不可能一步调整到位，中国经济体制"凤凰涅槃"的过程很可能要持续两年左右，人民币汇率将先行调整，随后干预发生，会平静一段时间，但作为宏观经济调控的领先指标，市场运行风险的随机指标，它可能要大幅度波动两年左右，调整区位将下移到7.5左右，才可能反弹。我当时预测，中国经济很可能要等待两年后才能企稳，与人民币汇率基本同步。凤凰涅槃意味着"转变"，不是一般的转变，而是一切都要变！这一场巨变的风口，将发生在2016年！

人民币汇率要下跌，而且不仅是对美元下跌，对欧元、日元可能会跌得更凶。但是不是因此将导致人民币汇率崩溃，导致人民币战略目标落空呢？我们既要相信最高层对改革"度"的把握，包括对人民币汇率调整幅度的把握，同时也要相信国际市场的"配合"力度（欧元、日元将对人民币战略弱势竞争，美元也不可能独自走强很久）。凤凰涅槃的总目标是重生，是上行！为了上行，可能需要下行多一点，即使是矫枉，也要过正，但不能失控。关于度的把握，本书后面有专门的论述，这一节主要讲信心，不能因为人民币汇率在过去几个月出现"暴跌"，就判断涅槃后的"凤凰"不能获得重生。

不仅要相信政府（宣传），也要相信自己，相信市场，相信强势人民币的经济基本面并没有改变，尤其是它内生的强大生命力。货币汇率作为各国宏观经济相比较的衡量标准，仍然指向相对强势。

货币强不强，不仅要看当前汇率，更重要的是看未来市场占有率，看改革决心，看持久的国际市场影响力。人民币过去只影响中国，因为中国企业绝大多数没有对外业务，更没有主导产业走出去。一带一路是干什么的，亚投行是干什么的，就是要支持中国企业、中国资本走出去——当然，中国的军事力量也要走出去——不是打仗，而是保护。人民币怎么改变世界？不仅是贸易结算，也不是各国储备，而是全世界到处都是中国装备，是人民币借贷的国际化。现在中国的外汇储备主要是借给西方大国政府，未来主要将借给一带一路沿线国家，通过借贷行为扩大影响，从无到有，从弱到强！现在用人民币结算商品劳务贸易的国家可能只有一两个，未来可能是几十个，甚至是上百个，为什么？因为很多国家使用了人民币贷款。现在人民币与其他国际货币比，小弟弟都算不上，为什么？中国没有实质性的资本输出，而人民币战略的策划之一，就是资本输出，大型设备输出。放眼世界，西方大国都在紧缩，包括美国，中国的战略却立足输出。不要轻易地对中国失望，那是没有看到中国政府的战略目标，一带一路还没有启动，亚投行刚刚成立，为什么不能给它们两年时间！我预言，只要两年，全世界对人民币的看法必然改变。

  为什么我判断未来两年人民币汇率有可能到7.5？强弱分界就在7.5，人民币要强大，不能跌破7.5。准确地说，1比7应该是人民币中期趋势周期运行（两年左右）的中轴线，正常波动，有可能见到1比7.5（绝不会破8），但按照我的橡皮筋理论，两年以后，人民币汇率能够反弹，一定能再见到1比6.5，6.5，还不是中轴线上轨。在中国经济体制经历凤凰涅槃之后，在新经济、新业态在中国蓬勃兴起之后，尤其是在一带一路规划顺利实施之后，在亚投行业务跟进一带一路之后，在人民币顺利走向世界并稳稳取得国际货币体系坐三望二的地位之后，它的综合汇率水平，可能会远远高于1比6.5，尤其是对非美货币（主要是欧元、日元）。

反常的"股汇双杀"

我在写这本书的时候,恰恰赶上中国股市连续上演"股汇双杀",接着是第三次股灾发生,中国股市一度跌至2600点上方一点点——那是在我预言中国股市的阶段性底部应该在2610上方之后很久!为什么能够提前预判中国股市将跌破2845的"股灾底"?因为中国股市是建立在一个巨大杠杆上的游戏:杠杆率预期向上,暴涨,一旦逆转,多米诺骨牌开始倒坍,阻止局势恶化的所有努力都可能白费劲,最后迫使政府不再救市!

相关机构一开始就低估了"股汇双杀"出现的可能性、复杂性。低估了股市与汇市的负面关联性!从2015年12月到2016年1月中旬,中国股市连续暴跌,连续十几次出现千股跌停板现象,触目惊心,此时,外汇储备已经开始大幅度下跌,谁能想到此时坚持去除杠杆能够导致"股汇双杀",导致中国央行货币政策的严重困境。

市场一度反弹了,那是因为有货币政策宽松的预期——果然日本央行在中国春节前抢着货币宽松,但那是为了吸引中国旅游者到日本购物,同时也是逼迫或者施压人民币宽松。当天,全球股市大涨,那是因为市场预期中国央行也会跟着宽松——其实已经很宽松，1月份投放的流动性接近2万亿，但市场仍然很不买账，因为这两万亿绝大多数都是短期贷款——不能买股票。而当中国央行看到一月份仅仅前20天，各家商业银行已经放贷1.5万亿，按照这个速度，全年放贷岂不是要接近15万亿！而中国金融历史上最大的年度放贷数量也不过14万亿，而且当年的GDP是超过11%。

政策困境，预期混乱，争论不清，结果导致市场信心低迷，几乎失去方向！

有利好，中国股市都难涨，更何况不敢出利好，不知道怎么出利好！为什么？必须考虑，还会不会出现"股汇双杀"——一次"股汇双杀"不仅把市场吓着了，管控市场的高层也吓蒙了，"底下"的人都不会玩了。

中国政府很喜欢说：全球经济包括国际市场的不确定性很高，意思是说外部环境不好，导致中国经济下行压力很大——原油都跌至30美元下方了，还不好？那么，我们看到（2016年1月29日）能源价格包括大宗商品市场价格都大幅度反弹了。商品货币（澳元，尤其是加元）的反弹也很快，避险货币日元则大幅度走低，黄金也跌回来了。大环境好一点了吧？人民币汇率会不会反弹？中国股市会不会反弹，中国经济会不会反弹？难说！

如果把人民币战略理解成一场战争，那打仗首先要知道敌人在哪，还要清点武器弹药，因为大军未动粮草先行。

敌人在哪？先看三次股灾以及"股汇双杀"的背景，后看人民币汇率暴跌以及中国政府外汇资产大幅度缩水。为什么先看三次股灾以及"股汇双杀"？因为它更清晰地证明敌人在哪里！中国股市从5000多点跌至2600点，用了刚好半年时间，中国股民的人民币资产大约蒸发一大半，甚至更多。很多人说，这事是境外敌对势力干的，谁信？做空中国股市需要持有股票，而中国绝大多数股票都在中国人手上。2015年—2016年，的确邪乎，但现在已经查明，中国股市之所以暴跌，管理层缺乏经验，缺乏警觉是原因，但很多国内机构利用管理层的"疏漏"，打着国际炒家旗号，或干脆与国际炒家暗中配合，狂炒暴砸，无所不用其极，这才是三次股灾的要害。至于同时出现的"股汇双杀"，更是这些人的精心策划，就是要出难题，出怪题。

股汇双杀的确是少见的，连国际市场老手一生中也难见几回。短短几天，中国股民资产大幅度缩水，微信群里怨气冲天，它们指向谁？中国出现"股汇双杀"局面，不仅导致中国周边国家（地区），尤其是新兴市场经济国家的金融市场动荡，而且引发全球金融市场担忧，全球股市一度暴跌。国际市场更是担忧：中国政府有没有能力维护人民币汇率稳定？股汇双杀指向谁？

外面的敌人有没有？可能有，但这是属于另一个"争"，不是战争的"争"。比如当人民币汇率下跌时，美国政府来电话，欧洲央行发出再度超宽松的信号，日本央行在中国春节前突然间启动超宽松，而且还有很多国家有可能竞相采取货币贬值政策。但这些举措，与其说是冲着中国来的，不如说是为了防范由于人民币急剧贬值可能导致的全球金融市场剧烈波动而被迫采取的行动。至于索罗斯等人，他们资金实力再强，也不会有国家背景，也就是说，所谓索罗斯得到了美国政府暗中支持是"臆想"。于是我们清楚了：做空中国股市，包括做空中国的敌对势力主要在国内。

至于市场波动，包括外国央行都沉不住气，我们充分说明就好，不用紧张。

下面我们可以盘点一下弹药了。很多人说中国的外汇储备已经陷于窘境，此话有理，但也不对。如果从最高峰算起（大约在2015年中旬，最大值超过4万亿美元），截至2016年1月底，中国外汇储备以美元计价已经减少了23%左右，的确很猛烈！摩根士丹利判断：自2014年第二季度以来中国的资金外流可能已超过1万亿美元，这个数据基本与中国外汇储备急剧下降的数据相吻合。

外汇储备本来就是"危机储备"，人民币战略是大国战略，但底线却是危机战略。外汇储备下降是不是危机前兆，人民币汇率急跌是不是应对危机之举——或者是诱发危机之举。应该承认，中国经济的确有很多重大隐患——看我2014—2016年发表的一系列文章——经济持续下行，必将动摇人民币持续升值的基本面，也将动摇香港的固定汇率制度。但危机隐患还不是危机，更不是崩盘！

2015年8月11日以及2016年初开盘，中国政府的确有让人民币主动贬值的"心态"，而人民币汇率贬值的确对出口企业有利，适度贬值可以确保经济减速不会演变为硬着陆。但前提是没有"内鬼"，高层政策境内外完全不知道，人民币汇率完全被政府管控。但是，恰恰在这里出问题了，内鬼太多，他们导演股汇双杀，企图引爆中国经济深处所隐藏的所有定时炸弹——那些仍然被掩盖着的僵尸企业和商业银行的巨大坏账，逼着中国经济硬着陆。预想与实际，满拧！原来是避免危机之举，却差一点引爆危机！

但我仔细分析以后，还是认为中国能够避免危机，外汇储备够用！

第一个原因是中国强大，人民币强大，拥有较强大的经济与军事实力。而且中国政府的外汇储备全球第一——最高峰时约占全球外汇储备的20%。而中国政府的外汇资产为什么雄踞全球第一？即源于中国经济能够维持高增长，出口长期出超，以及完全由国家央行掌握境内外汇资产。

第二个原因是国际市场长期看好中国，热钱流入不断。这两个基本面虽然短线改变，但从中长期看，连索罗斯老先生都说：没有变！我们何必惊慌失措。

自2015年以来，中国政府外汇储备急剧缩水，但占全球各国外汇储备的占比未必大幅度缩水。这一点很关键，中国还是老大！细细地分析，在人民币汇率调整过程中，尤其是2015年8月11日主动调整之后，全球储备大国的货币都在跟随贬值，不得不竞相出卖外汇资产保汇率，结果是越保，外汇储备缩水越严重，最典型的是马来西亚，外汇储备一度减少了60%，外储大国沙特也减少了30%以上。相对而言，中国政府的外汇储备还有33000亿。这么多储备应该足以应对较大的危机。

外汇储备是威慑！是对敌人的威慑，也是对危机的威慑！此前非常多的人曾经抱怨中国政府外汇储备太多，增长率太快，已经不堪重负。现在明白了，如果在危机时刻没有巨额外汇储备撑住，人民币汇率可能下跌更快，更难控制，而且将引发一连串的灾难。

反常的"储备"与"汇率"同方向运动

中国的外汇储备与人民币汇率同方向运动（看图），是一个很反常现象，所谓很反常，第一是指：央行卖出外汇储备，本币应该升值，除非是在货币贬值趋势已经形成的时候，为什么发达国家很少出现这样的情况？一是由于它们控制全球流动性的能力很强，二是因为它们基本没有外汇储备；第二是指：这其中可能包含了某一个理论，尤其是在新兴市场经济国家，即为什么发展中国家汇率波动性很大，以及它们需要大量外汇储备的目的。

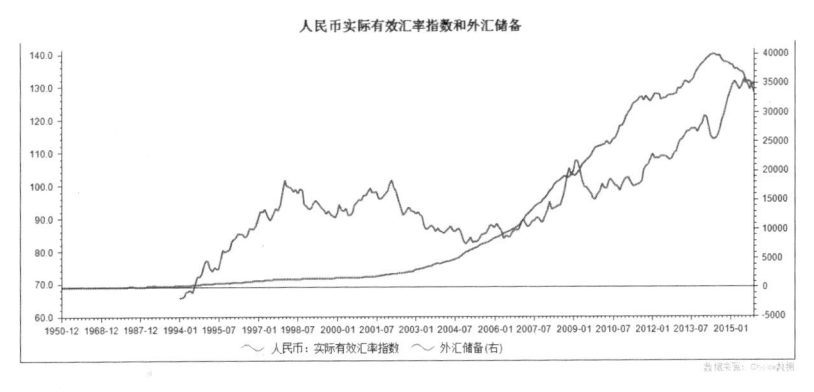

人民币实际有效汇率指数和外汇储备

当中国经济超高速发展时，的确伴随着人民币汇率持续升值，起码是压力很大，为什么外汇储备也跟着增加，其实是压制人民币汇率过快升值；人民币汇率开始贬值，有主动被动之分，外汇储备急剧减少，那是为了对抗人民币汇率贬值过猛。还有一个指标即预测：当中国经济增长率能够维持在10%左右时，人民币汇率升值有理，跌至7%左右，贬值有理。而现在，中国经济真实的增长率大约只有5%左右，汇率多少合适？储备多少合适？这是"人民币战略"的一个很重要的内容。

中国经济下滑，尤其是出现断崖式下滑，人民币汇率很难稳住，外汇储备作为先行指标，率先下滑，有警示作用。必须认清：中国政府减持外汇储备很可能已经由"主动"变为"被迫"，这一点与众（包括其他新兴市场经济国家）不同！

中国央行最初想通过抛售外汇储备发出压低人民币汇率的信号，这是一个重大失误！为什么？中国外汇储备的很大部分不是由于贸易出超所造成，而是由于热钱所造成。热钱是流动性很强的，外汇储备则是相对锁定的，人民币汇率贬值动作太大，太突然，很容易引发市场痉挛，导致热钱受到惊吓，集中逃离。加上中国反腐败之风愈演愈烈，腐败集团抛售人民币资产与热钱离境产生共振，于是导致中国的外汇储备与人民币汇率同方向运动，齐跌。

由于人民币汇率贬值预期成风，未来维持汇率，不得不大量抛售外汇资产，"主动"变为"被迫"。

随着中国经济下滑，趋势难以逆转，该趋势一旦被国际市场认定，人民币汇率下行趋势将延续，此时单靠中国央行卖外汇资产"维稳"已经力不从心，这就是很多人的担心所在。客观地说，短短几个月，外汇资产已经下降四分之一，当人民币汇率与外汇储备捆绑在一起，当中国股市与人民币汇率捆绑在一起，同时急速下滑，危机隐患很可能从隐性表现为显性。

我还是要重提人民币战略，它是国际金融战略，也是国家政治经济的大战略。

虽然我一直反对急速调整人民币汇率，但必须考虑到救经济，考虑到供给侧改革，需要去除"僵尸企业"。人民币市场流通量远远超过实体经济的需要量——必须考虑到损失，僵尸企业与大量银行业坏账是相伴随的。2015—2016年，中国央行的资产负债表出现萎缩，实体经济的增长率与货币流量的逆差越来越大，说明供给侧改革与人民币资产损失相伴随，人民币汇率下行肯定是一个周期性现象。

供给侧改革需要很多金融动作的配合，包括货币政策、人民币政策、储备政策等。中国央行主动调整人民币汇率虽然是从主动到不得已，但符合中国经济基本面，符合供给侧改革的要求，是战略选择！从某种意义上说，"弃守"也是战略——任市场自由波动，自己寻底——虽然从表面上看，很失败。人民币汇率主动调整，尤其是配合供给侧改革，是为了轻装上阵，释放风险，调整的目的是为了稳住，为了上行。关键点在管控！

四万亿外汇储备多不多，肯定有争论。就是多了，不仅中国不堪重负，全世界尤其是美国都不堪重负，欧元区虽然从来不说中国外汇储备太多，但那恰恰是有难言之隐。外汇储备缩水不能说全是坏事，问题是多少合适？这一点需要"争"，因为它不仅是中国政府很多年积攒下的老本，而且具有战略威慑作用——如同核武器，如果因为人民币汇率调整而一下子都赔出去——那可是灾难。

全球很多国家，尤其是新兴市场经济国家在2015年—2016年初,都在经受外汇储备大幅度缩水的痛苦——这个痛苦会不会引发全球金融市场的痛苦,会不会引发全球金融危机,需要观察,需要警惕,也提醒我们:"核武器"不能太少。

仔细分析,中国的外汇储备是不应该大幅度缩水的,因为历史上所有外汇储备急剧缩水的国家都几乎是"单肺经济"国家,比如俄罗斯、沙特、马来西亚、委内瑞拉,它们的能源产业尤其是原油出口占其GDP的比重都高于30%甚至更多,油价下跌了80%,外汇储备缩水40%甚至多一点可以理解。

但中国完全不同,中国是全球第一大能源进口国,同时也是利用能源以及大宗商品为基础原料进行制造业出口的最大贸易出超国,在中国外汇储备急剧下降的过程中,中国的进出口仍然保持出超状态,经常账也没有完全改变盈余状态,这一点,与众不同!因此说,中国的外汇储备与人民币汇率同方向运动,尤其是同时大幅度贬值是反常的,也是可以避免的。

很显然,全球能源品大跌,大宗商品大跌,对中国经济是有好处的,对外汇储备稳定,包括人民币汇率稳定也都是积极因素。中国的人民币汇率包括外汇储备不应该急速下跌,更不应该领跌。

那么,为什么中国的外汇储备会下跌这么快呢?市场利率预期大幅度下降,导致热钱流向逆转,而中国央行又没有勇气一次性兑现利率市场预期!很多人认为,中国的商业银行存贷款利率,包括银行间拆借利率仍然高于国际市场很多——目前中国央行的银行间拆借利率大约是3%左右,基础贷款利率是5.5左右,市场真实利率可能更高,而美国、日本、欧洲的市场利率水平大约低于我们在2%—3%之间,由此判断,中国利率大环境对国际市场热钱仍然具有吸引力。由此推断,热钱没有理由外流。错了!中国过去多年热钱流入不断,不仅是因为中国央行的银行间拆借市场,还因为中国存在一个巨大的"影子"货币金融市场,即所谓影子银行。进出影子银行的市场利率水平长期高于20%,已经持续5—6年。但随着中国经济的下滑,"影子银行"带动高利贷市场,随后压制货币金融市场,利率曲线已经出现断崖式下跌,甚至呈现崩溃状,尤其是高利贷市场!以前被高利贷吸引的热钱目前不仅是在撤退,而是逃跑!能跑的都在跑,没有跑的,那是跑不了(已经被套在中国)。热钱流向逆转,源于地下金融市场的崩盘,它与人民币汇率升值趋势逆转,有着极大的正相关性。

人民币汇率急跌对热钱的栖息地影响也很大,由于中国政府长期对房地产企业、产能过剩企业实施严格的控制贷款政策,但又不敢按照市场规律任其自生自灭,结果使得很多企业不得不借入热钱(高利贷)为生,企图看到宏观调控政策的逆转。结果它们等到的却是"供给侧改革"——坚决去除僵尸企业。

根据我的调查,大约有50%的企业有高利贷借款记录,有38%的僵尸企业其实是在靠高利贷生存,房地产企业占比更高。因此,一旦危机发生,热钱逆转,倒闭的企业会有一大片,房地产行业硬着陆很难避免。还有一些所谓好企业,包括富士康,它们能够借到外债,以前是贪图低利率,有本事借外债,现在要还债了,美元在走强,人民币在贬值,算一算"利差",已经跟借高利贷差不多了!中国经济很危险,警告只当耳旁风,如果企业一个个倒闭,耳旁风就会震耳欲聋!

人民币战略,表面上看仅仅是人民币汇率,其实是实体经济和虚拟金融市场一起来。怎么应对?必须有强大的外汇储备。同时也告诉我们：导致中国的外汇储备与人民币汇率同方向运动的罪魁祸首是经济下滑，反过来说，遏制住经济下滑，供给侧改革有节奏地推进，有利于人民币汇率稳住。

外汇储备下滑有周期吗？需要问一问中国央行，可能它们也不知道。很多人问，人民币汇率能跌多少？我说，不如想一想，人民币汇率还要跌多少年？中国经济基本面与人民币汇率有很强的正相关关系，它的基本面啥时候能够好转，人民币汇率才能企稳，外汇储备才能真正见底！对中国经济有没有信心？宏观上看，有信心，具体分析，没有底，比如股市，比如房地产，还有那么多僵尸企业。具体分析一下，比瞎争论重要很多，这一点很关键！

即使还要下跌，也要短线稳住。为什么？需要观察，需要算账，现在这种下跌，有点像脚踩西瓜皮，滑到哪里算哪里了。截至2016年1月底，人民币汇率基本稳住了，但现在市场真的担心，人民币汇率真能止跌吗？哪怕是短线。

最大的担忧来自对外汇储备的担忧，中国的外汇储备够用吗？外资已经在胡说八道——什么中国政府已经快无钱可用了。

外汇储备是抵抗危机的本钱，中国经济能不能过这一关，很大程度取决于外汇储备的坚实程度。

所谓坚实程度，一是指外汇储备的主要来源对外贸易能不能保持顺差，这一点，我有信心；第二点是指，一旦危机发生，外汇储备能够动用的部分还有多少？请记住，不是指总量，而是指流动性管理——有多少可以应急！

很多人在问外汇储备，以前是问，外汇储备的顶部在哪？现在是问，外汇储备的极限底部在哪？很多人都想问，什么是人民币战略的核心？保持适度的流动性，应该是外汇储备，也应该是人民币战略的核心。

外汇储备有两大职能，一是应急，二是赚钱。如果常常想到应急，短期债券的比例就要高一点，如果是只想着赚钱，长期债券的比例，包括高息资产的比例就要高一点。以前我们很多经济学家总是抱怨中国央行不会赚钱，结果逼迫中国央行选择长期债券以及高息资产，现在，麻烦了。

不懂行的人常常抱怨，四万亿外汇储备太多，必须适度减少。多少合适？这几年中国要同时办几件大事——一带一路需要大量外汇，包括亚投行的股本金，丝路基金的股本金，非洲援助基金，中东借贷计划，每一项都是几百亿美元的开销，而且承诺了就要支取；中国央行要维稳人民币汇率，要应对中国经济下滑，目前每个月需要几百亿的"维稳基金"。这些钱在外汇储备达到峰值时是不会吝啬的，如同中国当初买欧债，一甩手就是几百亿。但中国央行的管理者有没有想到，这一切短期开支都一起来了，而外汇储备绝大部分却是中长期贷款，不能变现！

当前以至短期内，人民币汇率下跌压力极大，外汇储备每个月减少1000亿，危机隐患从国内转移到境外！为什么习近平主席书记要亮相，除了他，国际市场还相信谁！我们不怕危机，中国大得很，有的是周旋余地，但外汇储备接近枯竭，一旦危机真来了，靠谁！危机就是"冷战变热战"，隐性变显性，此时必须使用外汇储备，而外汇储备的"高度"则限制了中国政府应对危机的招数。

应对危机的招数，就是金融市场全球化，就是你中有我我中有你。目前中国政府外汇储备还有33000亿，其中60%左右是美元资产，30%左右是欧元资产，其他就是英镑日元。中国出问题，中国在各国的外汇储备就要大幅度减持，先不说能不能减持，首先看外国政府帮不帮忙！

最新消息，中国政府已经与美国政府达成协议，停止减持美债——背后的协议是：美国政府不再阻拦日本央行实施超宽松，也就是日元贬值。第二个难题是欧元区——中国政府外汇储备中美国的部分可能是流动性稍强的，而在欧元区的部分绝大多数是中长期债券，这就是说，中国政府的维稳开销，大项目开销，在美国的债券不能变现的时候，只能动用存在欧元区的钱，变卖的是欧元储备，于是，欧洲央行开始帮忙，宣布三月份将实施超宽松，不惜实施负利率。欧元跌，日元跌，人民币汇率大幅度贬值的压力骤减！

原来是欧元区无法惹，美国更不好惹，但危机来了，谁都必须看中国——中国更不好惹——但此时中国则要靠世界，靠发达国家帮忙！

为什么我判断索罗斯背后不可能是美国政府？多年来，美国政府尤其是右翼政客总在说人民币汇率低估，甚至多次把它当作政治话题，但现在人民币汇率几乎是断崖式下跌，怎么美国那边却没有了声音——而且连安倍也要说，中国经济很好。人民币汇率急跌，谁都受不了！以前全球诸多政客都在说中国央行在干预汇率，甚至以此为借口阻拦人民币加入SDR，现在中国央行干预更多了，怎么没有人说话了？中国外汇储备急剧下降，在割他们的心头肉！人民币汇率不稳，让很多国家，包括国际市场投资者都胆战心惊！

很显然，他们都在观察：中国还要卖出多少外汇储备，主要

是卖谁家？（外汇市场因此而出现结构性震荡）

中国经济有问题，西方国家更有问题。中国是人民币汇率高估，西方国家的货币，哪一个不是高估！这些西方大国都是负债大国，以前靠中国政府输血，靠石油出口大国输血，那时候他们却抱怨无休，天天说人民币汇率低估，天天说中国、中东输血，导致他们的经济有了依赖症。现在中东产油国不能输血了，中国不仅不能输血，还要抽血，谁最难受！最可气的是，他们的同胞在人民币汇率贬值时还在疯狂大肆地赚人民币汇率差价，中国政府管一管他们，不仅合情合理，而且让他们多多少少能够放心！

人民币战略也是谋略，人民币汇率下跌，中国外汇储备急速减少，是全球的痛，中国政府正好衡量一下，它的利弊得失，是利大于弊还是弊大于利？不仅是对中国，包括最大的债务国。

中国政府很可能抓住这个时机，真正实现具有独立话语权的人民币汇率市场，实现人民币汇率涨跌由中国自己说了算的人民币汇率市场——看人民币汇率真正市场化了，谁最害怕。很可能出现这样的场景：在危机爆发后，人民币汇率急跌，港币急跌，外汇储备市场震荡，西方大国不得不承认人民币自由浮动的贬值方向合理，欧美英日几大国不得不与中国央行一起维稳人民币汇率。我已经预测：日本央行降息、欧洲央行降息（都实现了），美联储停止升息——将人民币汇率稳定在有利于中国经济发展，也有利于全球金融市场稳定的水平！这应该是金融市场全球化的必然，也是一次危机检验——用危机检验"金融市场全球化"预想的合理性，看大国间是不是、想不想、能不能实现共存、共享、共荣！

我认为这是完全可能的。在美债危机以及欧债危机爆发的时刻，人民币都是挺身而出的，不仅人民币汇率维持坚挺，而且在关键时刻还出手买入这些国家的债券。问题是：中国会不会承认危机来了，会不会还是打肿脸充胖子，死要面子活受罪；会不会在忙乱中启动人民币战略的危机机制。

中国会不会爆发金融危机，有一个检验方式：就是会不会出现持续的、大幅度的"汇股双杀"局面。为什么我说暂时还平安无事，因为股市在跌破"股灾底"后，反弹了，人民币汇率也在6.6附近稳住了。

按照通常的市场规律，汇价应该是与股价反向运行的，因为汇率与货币政策相关，宽松导致流动宽松，汇价下跌，股市上行；紧缩导致汇价上行，股市下跌——比如说美国股市与美元经常反向运行。是什么原因会造成中国的"汇股双杀"局面。尤其是连续的、大幅度的"汇股双杀"局面呢？1，汇率调整，货币政策却观望，没有跟进宽松。2，宏观经济真出了大问题，危机来了，政策迟滞；3，天下本无事，庸人来扰之，本来宏观经济没有大问题，却由于政策错误，趋势误判，自己鼓捣出大问题。很多时候，危机都是自己鼓捣出来的，包括美国的次债危机。现在的中国可能出现哪一种呢？（1）在向（3）演变！

根据这个判断，中国政府将竭力改变"1"以避免"3"，以抑制"汇股双杀"局面继续发展、扩散，通过宏观经济政策调整逆转这一反常现象（1月中旬的汇率保卫战只是初战）。怎么做？大幅度降准、再度降息，在人民币汇率与股市稳定间选择"弃守"人民币汇率，而通过股市稳定，稳住人心、人气，使得人民币汇率不战而稳！

考虑到做空人民币汇率的国际市场投机客仍然在观望，考虑到绝大多数西方国家还没有选择做空中国，甚至还没有判断清楚中国外汇储备大幅度减少是利大于弊还是弊大于利之时，我们选择降息，使人民币汇率的急速贬值周期提前结束。这可能是最佳方案，也可能是最险的方案！如果中国政府这样做了，抑制"汇股双杀"却导致加剧"汇股双杀"，真的自己鼓捣出危机了，怎么办？别着急，还有国际货币基金组织，还有中国曾经帮助过的西方国家央行，大家一起共同对抗风险，兑现国际承诺——因为这毕竟不是实体经济的大危机，应该能过。

人民币走向世界，没有几个中国人懂，全世界都不懂，但这一步必须迈，它考验着中国最高领导人的气魄，也考验着国际合作，考验着金融市场全球化是不是一场梦！

靠别人不如靠自己，靠外汇储备不如靠货币政策。这一点存在纠缠不清的争论。供给侧改革理论的出台，似乎使"不救市"、不宽松的一方占优，但中国经济下行趋势的蔓延，必然使这一方明白：供给侧改革并不是拒绝货币政策宽松！但中国央行真的害怕通过降准、降息实施货币宽松，整个一个月（2016年1月），中国央行通过政策工具释放近2万亿人民币，但就是忌口降准，更不谈降息。

外汇储备是为了应对危机，但应对危机并不一定需要出售外汇储备！人民币汇率下行的根源是中国经济的不确定性，还是宏观经济前景黯淡，市场信心指数低迷？此时，如果出台逆转信心的政策，一切都可以逆转。

问题是：局势还有没有到"大难临头"，得过且过是最省力方式，还是卖外汇对稳汇率见效最快（其实最坏）！我判断：中国外汇储备可能只有5000亿左右可以动用（其实截止2016年1月底可能只剩4000亿左右了）了。就是这么一点点，它既是中国政府采取重大行动的安全阀，也是货币政策大变的减压阀——扛不住了，就要开阀。

子弹有限，维稳人民币汇率不能打消耗战，要打运动战、游击战，要有奇招，阶段性守住，不等于能够顶住。俄罗斯是政府干预汇率的典范，一度有效，结果意外频频，最终失败——2014年当年，俄罗斯曾经动用700亿美元对外汇市场进行干预，但俄罗斯过度依赖能源的经济结构，导致了其经济基本面快速地恶化，乌克兰危机使得俄罗斯政府再也不敢动用外汇储备干预汇率，任其下跌，现在市场已经习惯了卢布汇率的大幅波动，但留给俄罗斯的却是经济衰退和通胀高企。事实证明，一旦出现大规模的做空，全世界任何一个国家单独抵抗都不行，包括美联储——最后还不是靠中国。

保卫货币汇率，都是靠计谋，靠政策，靠合纵连横。我在2016年初曾经对最高层建言：当前，必须摸清楚做空中国的主要势力来自哪里，包括境内外。先针对境外势力，要摸清楚他们的资金来源以及筹资成本，有针对性地切断（资金链）！包括停止境内一些外资银行交易人民币，不予借款。这个建议已经被采纳。

1月11日—12日两天，中国央行出击离岸人民币汇率市场，采取的招数基本如上，结果大获全胜。人民币汇率当天反弹1000点，第二天股市企稳，虽然13日股市仍然探底，但没有击穿"股灾底"，说明维稳人民币汇率未必需要动用外汇储备，也说明人民币汇率与股市有紧密联系，股市稳住，人民币汇率就能够稳住。为什么？信心！信心是写在股民心里的，表现却是写在股市曲线中的。不要以为股市就是股市，股市与汇市没有一毛钱关系，这是错的！在当前局势下，市场非常敏感，弱不禁风，股市汇市不仅有关系，而且关联度很高。

中国经济体量很大，股市急跌几天，就是一个国家的GDP（日本GDP大约五万亿人民币），如果股灾引发实体经济崩溃，中国经济下行趋势加剧，人民币汇率贬值10%都是有可能的！中国外汇储备很多，但具体分析，其实有限，硬碰硬地维稳，适得其反。我预计，中国外汇储备在2016年1月份可能已经消耗了1000亿美元，还有4000亿可以动用。如果中国股市再急跌，人民币汇率跌破7，这一点点外汇储备将瞬间枯竭——剩下的大量外汇储备是中长期债券，不能卖，卖了就会引发全球金融危机，就会立即站到审判台上，任凭全球各国指责。当然，若外汇储备跌破28000亿，人民币战略将转为危机战略——全球央行也会与中国央行一起维护人民币汇率稳定，全球危机机制也将启动（这可能是今年全球金融市场波动率最大，也是最大的趋势性行情）！但这种情况一旦发生，2016年10月1日的国际货币基金组织投票，人民币很难过！

汇率波动率达10%，很多企业就倒闭？

汇率下行，国家倒闭，很少听说；汇率下行，企业倒闭，有可能发生，但那是怨自己。发达国家一般不怕汇率贬值，新兴市场经济国家，很怕！

在人民币汇率急剧贬值以后，发达国家都相继表示：自己的经济状况不适宜收紧货币政策，日本央行及时出台超宽松，欧元区央行则承诺，三月份兑现超宽松，美元虽然还会上涨，但美联储很快将声明：2016年没有加息周期，最多两次，很可能只有一次。为什么？人民币汇率以及中国金融市场不稳。合纵连横的局势开始出现。

问题是：人家怎么看中国，看中国的人民币战略。

人民币汇率没有在美联储加息前后大幅度贬值，而是选择在人民币加入SDR后主动贬值、放任贬值，说明啥？时点选择不对；2016年前几日，中国央行一会儿干预，一会儿放任，让市场摸不到头脑，缺乏连贯性，说明内部争论影响到操作的决心；（元旦）节后第一天，中国央行即推出人民币汇率指数夜盘，同时推出China Foreign Exchange Trade System（CFETS）（12月11日）交易，人民币汇率指数与人民币汇率（兑美元）一起连续暴跌，更有甚者，中国证监会偏偏在元旦节后开盘第一天悍然推出熔断机制，是巧合吗？说明最高当局缺乏统一部署，人民币战略没有指挥部；接着连续两天居然发生两次千股跌停，市场瞬间被熔断机制打爆、关闭。市场刚刚稳定，中国证券监督管理委员会副主席方星海说：政府不应该干预市场，要习惯人民币汇率大幅度波动。啥意思？难道弃守的决策来自最高层，它也是人民币战略组成部分？这一切都说明，最高层还在争论，没有统一意见。

争论不休的背后是没有理论权威和高端金融人才。

实践证明，把实体经济搞得一塌糊涂，但还不至于一下子暴露官僚体系的无能（集体无能）。但虚拟金融市场可不行，没有实战经验，没有极高的悟性，乱搞，绝对不行，立即会原形毕露——2016年初的"股汇双杀"以及半年内三次股灾之所以出现，一大半原因是将帅无能。刘鹤说，创新产品最关键是要做出来，忽悠不行！我要说，宏观经济调控怎么出牌，股市、汇市如何调控，更要看水平，要看实践经验，是骡子是马拉出来溜溜。股汇双杀是谁的错！稳住股市是谁的功劳！的确需要严密观察——这涉及到每一个企业，每一个投资者的血汗钱。中国有没有顶级金融人才，我真担忧！中国是不缺专家的，但缺能够力挽狂澜的干将。习近平主席治国有方，但一个好汉三个帮，更何况是治理一个"初出茅庐"的大国的金融市场。中国急需熟知全球金融市场的专家，操盘专家，而且需要这样的人站在最高领导人身边。

很多企业家问我：我们企业一年辛辛苦苦，能够实现毛利10%已经不错，但若人民币汇率运行方向猜错了，做反了，汇率波动率达到4%，这一年就白干，如果达到10%，企业就要倒闭！这绝不是危言耸听！

全球市场有一个专有名词："莫比斯环"，它专指"股汇双杀"的反常状态。中国经验还应该加上一个：国家储备资产与财富大幅度贬值很可能与"股汇双杀"结伴而行。在国际市场上，经常见到的是股市与汇市反方向运动，因为汇率走低有利于宏观经济的竞争力提升，对股市形成利好；同时，如果货币政策宽松，汇价走低，也是利于股市的。但一旦出现"莫比斯环"现象，出现国家储备资产与居民财富大幅度贬值（"股汇双杀"）结伴而行，则说明这个国家出现了系统性风险！不仅我们辛辛苦苦积攒多年的财富很可能在一夜间灰飞烟灭，而且实体经济也面临灾难！因此，我们绝不能轻视在中国资本市场出现的"莫比斯环"现象。"股汇双杀"很可能影响实体经济！

为什么要稳住股市汇市，一方面是稳住投资者对宏观经济的信心，还有一点可能更重要：要守住国家、企业、老百姓多年积累的财富，守住信心——不能轻言弃守呀。我们已经看到，国家外汇储备在急剧缩水，股民财富在一瞬间减少了30%，下一步是什么？如果不稳住汇率稳住股市，房地产将接着贬值，企业资产负债表也会缩水，大批实体经济企业将倒闭，国家改革开放几十年形成的财富积累很可能不要两三年就被挥霍殆尽。

虚拟金融市场很重要，它不仅是宏观调控的蓄水池，是创新经济的加油站，同时也是人民币资产保值增值的主战场——资产，主要指实体经济。人民币汇率实行有管理的自由浮动不仅仅是向国际市场靠拢，不仅仅是融入世界，它很可能是实现人民币资产保值增值的关键。企业和投资者都要注意了！

多元化的资产篮子，鸡尾酒式的外汇储备，对冲保值，在不同市场的进进出出，快进快出，这可能是未来所有企业、所有投资者，甚至所有老百姓为保卫自己财富不缩水而必须学习的生存之道。国家更是如此。

　　虚拟金融市场在很大程度上是为实体经济服务的，这种服务不仅仅是融资，而是避险，是对冲，因此，虚拟金融市场机制必须完善，而货币市场很可能是虚拟金融市场的主战场，必须尽快建立。在当前条件下，股市是中国老百姓实现人民币资产保值增值的"无奈选择"——没地方去。房地产已经火暴多年，高利贷市场的泡沫已经破裂，只能到股市赌博！管理层不能只看到股市大起大落犹如赌场，宏观经济风险越来越大，更要看到，普通老百姓靠什么实现人民币资产的保值增值？股市很可能是未来中国虚拟金融市场的样板——股市崩盘，谁还相信虚拟金融市场！

　　要不要给股民一条生路，稍微关爱他们一点，真正给他们指点迷津很关键，它是人民币战略的组成部分。为什么在中国出现"莫比斯环"现象会更加严重？因为老百姓的人民币储备资产绝大多数在股市！股市暴跌，人民币资产价格肯定暴跌，人民币汇率岂有不暴跌的道理。相反，如果政策多注意稳住人民币资产池——股市，同时择机开辟外汇市场，让企业能够避险，人民币汇率也就容易实现稳定。如果适度做强股票市场这个"资产池"，中国央行才能有余力在汇率市场开展"运动战"，有时间"腾挪"，建立新的市场（蓄水池），在国际市场实现人民币战略。

　　供给侧改革理论，核心应该是金融市场！需求侧讲究宏观调控，供给侧讲究微观搞活，都要适时适度地调整流动性，都要注重金融市场，尤其是虚拟金融市场！

　　2016年，中国经济要稳增长、保增长，货币市场必须宽松，而人民币汇率大幅度下滑，事实上导致流动性紧缺，市场利率难以下行，需要反复掂量，孰重孰轻；供给侧改革，重在去库存、去产能、去僵尸企业，势必拖累GDP下行，如何弥补？短线还是控制节奏？被削减的产能客观上会造成大量坏账，房地产行业降价销售也会使风险外露，在这个大背景下，实体经济一方面在缓释风险，一方面也在暴露风险（以前都被维稳所掩盖），这些举措都对人民币汇率形成下行压力，虚拟金融市场崩盘怎么办？必须先稳住股市，让市场信心慢慢恢复。供给侧理论必须设想系统性风险出现怎么办？

深化改革，去库存、去产能、去僵尸企业，人民币汇率稳定、股市稳定，孰重孰轻，谁进谁退？需要争论，需要提醒高层：谨慎拿捏。

我们相信供给侧改革理论是正确的，也不讳言深化改革会遇到困难与阻碍，但要守住不发生系统性风险、不发生金融危机的底线。目前看，下结论还早，因此还要争论下去。

"莫比斯环"现象只在资本市场吗？

有一点可能不需要争论了："莫比斯环"现象很可能从资本市场蔓延到实体经济！

所谓"莫比斯环"，又称为"莫比斯带"，是德国数学家莫比斯等人在150多年前提出的一个数学现象。

把一根纸条扭转180°后，两头再粘接起来做成纸带圈，于是就具有魔术般的性质。普通纸带具有两个面（即双侧曲面），一个正面，一个反面；而这样的纸带只有一个面(即单侧曲面)，一只小虫可以爬遍整个曲面而不必跨过它的边缘。

当然，围绕"莫比斯环"还有一系列有趣的现象，让习惯了平面思维的人感到诡异。金融市场上借用这个词汇，大概就是取其"诡异"的含义。

在经济学领域尤其是金融市场实战领域，可能是最民主的，不仅什么声音都有，关键是：什么动作都有——包括不计成本地杀跌。2016年开年的4个交易日中，内地股市已四次熔断、两次提前收市，网上骂声一片，随后发生第三次股灾，股民在不计成本地跑路。意外频频发生，预示着股市、汇市的"莫比斯环"现象很可能从资本市场蔓延到实体经济。

很多人都认为,虚拟金融市场与实体经济之间有很强的防火墙——这是在正常情况下。而在危机情况下呢?当中国股市连续发生三次股灾之后,我们应该思考:中国经济最大的软肋可能不是股市,不是人民币汇率高估,甚至不是房地产泡沫,而是实体经济的灾难!

我虽然不很同意有些人的悲观意见——绝不相信中国经济会硬着陆,那是因为我相信我们的政府有"后手",有扭转乾坤的"杀手锏"。但如果任凭虚拟金融市场崩盘,恐怕还没有等杀手锏亮相,实体经济有可能已经出大问题了。

我要严厉地警告:"莫比斯环"现象只在资本市场吗?股市极度下跌,实体经济的信心也就完了。

改变中国需要一个相对稳定的大环境,尤其是宏观经济的稳定,但也要注意小环境,股市相比实体经济虽然很小,但它反过来会冲击实体经济,尤其是在危机时点——实体经济与虚拟金融市场的稳定,都在股市能不能稳住。

争论在延续,是舍弃股市,还是稳住股市?如何分辨谁对谁错?要看谁在做空股市!

改革者希望看到的稳定——包括股市稳定,恰恰是反对改革的势力最不希望看见的。有人提出股市稳定与宏观经济无关,其实他们最不希望看到中国政治经济稳定。当然,有两种人站在维稳股市的对立面,其一是在做空中国股市中能够获取巨大利益的人,他们有可能是政治上的反对派,包括贪腐集团;还有一种人是能够利用中国金融市场设计缺陷赚大钱的人，这类人可能就隐藏在我们的金融机构中。这两种人沆瀣一气，是股灾与人民币汇率暴跌的幕后推手，也是未来破坏稳定的隐患。

第二轮深化改革任重道远，许多改革措施没有蓝本可循，绝大多数人都不知道未来道路的深浅、复杂。就说人民币汇率调整，是一步到位好，还是循序渐进好，至今争论不休。再进一步追问：谁能知道人民币汇率到底是什么价合适？如果从出口企业利益考虑，似乎跌30%也无所谓，因为汇率与国内绝大多数物价的起伏关联性不是很大，但如果考虑到外汇储备，如果进出口是逆差，外汇储备还要下跌；如果考虑到进口企业的成本，它们经不起人民币汇率下跌10%；还有很多高负债企业，比如航空业，房地产行业，跌5%，这些企业都要亏损，跌10%，很多企业就要关门。即使从国家财富考虑，一下子跌很多，谁担责。同时，还要从更大的市场考虑，从人民币战略需要考虑。如此难以拿捏的事情，无论如何谨慎考虑都不为过。

人民币汇率要实现连续交易，夜盘（实际是12小时连续买卖的市场）被推出是理所应当的，但时点选择在啥时候好呢？以前是建议每天4个小时，现在是每天交易12小时，绝大多数交易时间中国人都在休息甚至睡觉，我们如何控制国际市场对人民币汇率的冲击？

如此复杂的课题，需要争论，因为最大的分歧还在虚拟金融市场。还有很多人认为：虚拟金融市场可有可无，是个累赘！按这些人的意见，只有当虚拟金融市场的大幅度震荡传导到实体经济，传导到所有企业的资产负债表，我们才后悔，才明白。

为什么必须争论，因为没有理论权威，以往经济学理论的任何"资产定价公式"都不能在今天的中国给出正确答案。

我们常常提到均衡价值中枢。一个馒头的价值中枢很容易确定，但一只股票的价值中枢却很难确定，股票后面的企业资产价值更难以确定。为什么？实体经济的资产价格与虚拟金融市场的股票定价机制完全不同。实体经济有泡沫，虚拟金融市场则必须有泡沫！不仅股市有泡沫，大宗商品市场也有泡沫，货币市场（汇率市场）岂能没有泡沫。但虚拟金融市场有泡沫，未必实体经济也有泡沫，反过来说，实体经济可能已经出现巨大泡沫，但很多时候虚拟金融市场却在掩盖这样的泡沫。

问题是，我们现在搞不清楚，中国经济是实体经济有泡沫必然引发虚拟金融市场去泡沫，还是虚拟金融市场去泡沫，必然导致实体经济资产贬值。

在现代市场经济条件下，货币，或曰汇率，虚拟的成分越来越大，这也是外汇市场，包括全球大宗商品市场波动率越来越大的原因。但实体经济的泡沫怎么算？比如，那么多企业储备了大量基础原材料、能源品，它们已经按进入库存的时点记载在企业的资产负债表中，这些，是实体经济的财富，还是泡沫。还有，很多企业由于缺乏创新，它们的产品已经被市场淘汰，那么多厂房生产线是不是也要淘汰，这是不是泡沫？

虚拟经济有追涨杀跌，实体经济就没有吗？中国严重的产能过剩，超高库存，僵尸企业，难道仅仅是虚拟金融市场的错误吗？

实体经济与虚拟金融市场很难分清楚。

当原油上涨至144美金一桶时，绝大多数分析师都预言：200美金一桶指日可待（只有我发表文章明确指出，会跌至70美金一桶，甚至更低——见我与管清友先生合著《能源金融》一书——2012年由人民大学出版社出版），于是所有企业有钱就买，银行贷款也支持企业扩大生产和库存，国家更是不惜一切代价地买入；但当油价已经跌至35时，很多分析师又给出20美金一桶的底部价格，企业的资产负债表如何调整？国家的资产负债表如何调整？这说明什么？实体经济也有泡沫！也有由于成本极度变化，市场极度变化所必然出现的"莫比斯环"现象——随着虚拟金融市场的价格调整，实体经济必然暴露出严重产能过剩，高库存，企业过剩，于是大调整！

一旦商品成为投资品，企业产品也会被绑架，成为虚拟金融市场的伴生物。最典型的就是股票后面的企业资产估值，股票市值一点点减少，其实就是企业资产在减少，当风险来临时，企业资产的价值中枢与实际价格之间也可能出现难以想象的、惊心动魄的差距——不要以为股市崩盘与实体经济没有关系。

在国际市场上，不仅大宗商品市场波动率极高，货币或曰汇率的波动率是中国人很难想象的——因为我们的企业和投资者长时间生活在汇价稳定的大环境中。在政府保护下，企业资产负债表根本不用考虑汇率浮动问题，企业成本也与汇率无关，于是，也与创新无关。

这种局面很快要终结了！

今天的世界已经进入"第四次工业革命"时代，这个时代不仅是技术创新、科技创新，最关键的创新是市场创新，是全球市场链接在一起，所有的创新都通过（市场）价值交换而相互影响，立竿见影地影响，反过来促进创新——平抑创新的差距。可以这样说，没有统一的市场，创新经济就不可能实现，起码会抑制闭关自守国家劳动生产率的快速提升，使市场机制落后的国家成为失败者。生产关系制约生产力，闭关自守就是拒绝创新的代名词，也是自取灭亡的代名词。

金融，乃国之重器，不可不察，实体经济离不开金融市场。金融市场尤其是处于历史转折点的金融市场，应该是防范系统性风险，防范重大经济危机爆发的前沿阵地。中国不是远离金融危机的国家，股灾以及"莫比斯环"现象的出现就是金融危机的预警，而且"莫比斯环"现象很可能向实体经济蔓延！

很多人认为，周边国家的货币都在贬值，我们的人民币始终是坚挺的，现在在可控的范围适当贬值，也是应该的，至少还没有到不得了的地步吧！熊是被吓死的！的确，适度贬值很应该，但我们要知道中国人的特性，要知道中国处于历史巨变的转折点当口，要知道当前的（宏观经济）情形不是很好，实体经济很差。人民币汇率恰恰处于实体经济与虚拟金融市场的"交叉线"上，无论是实体经济出问题，还是虚拟金融市场出问题，都会引发人民币汇率暴跌，反之，一旦人民币汇率暴跌，危机也会从虚拟金融市场向实体经济蔓延。因此必须十分小心地调控人民币汇率，对大肆做空人民币汇率的境内外空头必须"亮剑"，摧毁"莫比斯环"，防止它蔓延。"莫比斯环"现象不仅仅只在资本市场！

这也是我反复强调必须稳住人民币汇率以及股市的原因。

中国正处于历史巨变的重要时刻，这一点必须看清楚，因此，所有政策的重中之重就是要为推动第二轮深化改革创造良好的宏观经济大环境，预先为经济危机金融危机的爆发设防，人民币汇率是第一道防线。

全球经济（体）再度同仇敌忾

2016年不仅是中国经济的"生死年"，也是全球经济的"生死关"，全球经济都不稳定，甚至包括这两年景气度最高的美国。经济已经全球化了，金融市场全球化已显端倪。

一个非常清晰的现象是：2016年初在中国股市带着人民币汇率暴跌以后不久，全球股市都出问题了，截止1月22日，全球至少有40个国家的股票市场，总计27万亿美元市值陷入熊市——下跌超过20%。美国股市跌幅大约在13%左右，法国股市跌幅大约在20%左右，英国股市跌幅也超过20%；印度股市距离牛熊分界线仅1%，还有18个国家的股市跌幅介于10%至20%之间，目前处于"市场修正"与牛熊反转之间，这些市场的市值合计约30万亿美元。

全球股市下跌，原油急跌破位，大宗商品市场也开始恐慌。为什么如此紧张？因为很多人判断：这是自美债危机、欧债危机之后全球经济可能遭遇的又一场危机！

中国各地政府，包括许多大型企业已经准备应对危机了，比如五粮液，它在2015年实际实现利润近80亿，但2016年还要裁员2000人。那些亏损的，产能过剩的，包括僵尸企业，中国2016年裁员可能要高于500万！

为了应对危机，全球央行都已经行动起来，日本央行已经宣布回到零利率，欧洲央行已经宣布，将在2016年3月出台进一步的宽松措施；美联储官员在2016年2月3日也透露，若全球金融市场不稳定，很可能中断升息，上半年很可能暂停升息。有人说，这是货币战，非也，这是全球央行按照金融市场全球化的要求，统一行动，共同对抗可能出现的金融危机的预先防范。

2016年是危机敲门甚至进门的一年，但也是创新型企业崛起的一年，更是深化改革的"元年"，是一带一路以及亚投行战略启动实施的一年。最重要的是，混合所有制改革将启动，中国企业、中国市场将更快地回归"市场经济"，人脉和资源不再是核心竞争力，很多创新点将崛起。

2016年中国经济将有几大现象上演。首先是改革，中国股市在2015年—2016年初的大幅度调整，包括人民币汇率的调整不仅是下跌，而且是倒逼，倒逼改革，倒逼创新，包括倒逼中国金融体制的创新。市场创新了，"互联网＋"带来的新经济业态也就如雨后春笋般一个个出土冒芽了。我们一方面要看到经济下行的压力，同时也要看到第四次工业革命正在到来，这是很大的历史机遇！

其次，2016年，很可能成为国际经济合作的重要转型之年，也是金融市场全球化的"元年"。当前，西方国家更加注重中国，更加关注中国金融市场，批评的声音很小。美联储官员经常谈论中国经济，杜德利就说，我们要习惯中国经济低速增长。这句话可以被解释为：美国认可人民币汇率下行！这个转变太重要了，说明连美联储都做好了中国央行不再买美国债券（甚至要抛售美国债券）的准备！

不要以为美国财长频频与中国高官通电话是谈人民币，其实主要谈的是：中国政府还有没有能力买美国国债，会不会大幅度减持美国国债，需要美国政府帮助点啥！

中国央行以前是欧美货币稳定的"有功之臣"，与四万亿外汇储备相对应的就是一个劲地买入美国以及欧元区国家的债券。如果从维护人民币强势角度讲，中国央行在全世界"放水"是确定无疑的——到处买债，不是放水？我们的经济学家天天说美联储放水，欧洲央行放水，甚至日本央行也放水，导致中国的流动性泛滥。但人家买了一毛钱中国国债吗？可能英国央行买了一点点！

与其说是美联储在全球各国资本市场释放流动性，不如说是中国央行在欧美包括新兴市场经济国家资本市场释放流动性——大肆买入欧美国家债券，到处撒钱，以前是直接维护了欧美各国金融市场稳定，维护欧美各国投资者信心，同时给很多新兴市场经济国家输血，间接推升这些国家的股市以及货币汇率！但，事物都有正反两面，一旦中国没有钱了，相对应的是中国经济继续下行，人民币汇率继续调整！中国要抽世界的血了，这是导致欧美股市下跌的深层次因素！

中国经济若继续下滑，将影响全球大约一半国家，尤其是大宗商品以及能源品的出口国。看一看铁矿石就明白，2008年美国次贷危机爆发后的一个月，铁矿石价格曾经跌到40美元左右一吨，随后跟随全球经济尤其是中国经济上行而反弹，最高价居然达到140美元一吨，赚了中国的大钱。但在中国经济下行周期，想让它们吐出来，很难。铁矿石价格直至今日仍然在60美元一吨以上，很难再见40美元一吨。有人说，供给侧改革会关停并转一些钢铁厂，钢材价格会回升，也未必，钢铁厂关闭了，库存还在，它对铁矿石价格始终构成压力。商品出口国家都有一个幻想：中国经济能够很快抗过去，他们指望中国经济能够走出V型反转，起码是U型稳住。但第三次股灾可能打掉铁矿石多头的信心，2016—2017年，中国经济是是否继续下行，关键点在GDP能不能破6.5%，能不能控制住。长期阵痛，不是中国一家，这也是2016年1月15—21日铁矿石价格、原油价格，包括商品货币都暴跌的原因！

再次，2016年，中国除了大国交往对抗危机，与其他国家的合作也要加强，比如产油国与原油进口大国之间要通过密切交往，扩大相互信任。习近平主席年初外访的第一站即是中东产油大国沙特，这一次出访战果巨大，包括宣布"中沙关系上升为全面战略合作伙伴"关系。这个关系的确立，包括习近平主席访问伊朗，都说明中国政府高度关注大宗商品市场尤其是能源市场，不能任其无序下跌，同时说明中国的一带一路规划，得到了中东国家的默许。一带一路不仅是技术创新的成果，也是国家关系走创新之路的重大成果，相信它的具体实施，将为全球经济注入新的增长动力。习近平主席出访第二天，国际能源市场即出现反弹——在击穿我曾经预言的28美元一桶的"底部"位置后出现反弹，它不仅反映了中国寻求国际合作对抗危机的意愿与能力，同时也说明：走出危机要靠国际合作，而一带一路将使东西方越来越紧密地联系到一起，它可能是走出危机的关键一招，也是金融市场全球化的必要一步。

习近平主席出访以及全球大宗商品市场反弹、油价反弹，证明了中国经济对全球经济的影响力已经得到提升，人民币汇率的影响力更是巨大。习近平主席出访，能源市场稳住了，中国股市也获得反弹。中国领导人的话语权，已经不可同日而语。

金融市场全球化，全球股市同步化。中国股市能不能企稳，对全球市场影响很大。而中国股市一旦企稳，中国的话语权也将变大。很多人分析，2016年是全球股市的熊年，我认为，很可能是转危为安的一年！欧美股市下跌原因很多，比如已经牛了7—8年，但我认为，主要原因还是转型能否成功。全球经济目前已经进入工业4.0时代，创新经济在崛起，很多创新点有待挖掘。西方国家虽然创新创业相对发达，但与中国一样，很多传统产业都要转型，都要提升。我对美国有信心，对欧元区加快复苏也有信心，甚至对日本也不悲观。中国经济的外部环境不是恶劣，而是渐渐好转。中国实施供给侧改革，很多企业将倒闭，但我相信，中国政府能够按照循序渐进原则，不会搞一窝蜂，时刻要守住6.5%的底线。同时，创新型企业也在崛起，它们在宏观经济中的作用是一点点实现"风险覆盖"。

中国经济体制除了转型，还包括改革，混合所有制改革，将导致国企职工下岗潮再现，这一点不必过于担忧，各级政府已经做好准备，为此将花费大量精力、财力。大环境是宽松的，就有信心！

我相信，只要全球经济同仇敌忾，只要能够精诚合作，一定能够在2016年避开危机，为新经济"登堂入室"赢得时间。危机不仅将使一带一路成功，也会加快全球经济金融市场全球化进程。人民币改变世界是从"危机"开始的（中国股市带动全球股市下跌，带动很多国家向下调整汇率），但一定会以"稳住世界经济"得到全球绝大多数国家的认可（我们会看到，中国股市将引领全球股市回升，人民币汇率也会稳定，在全球货币体系中起到"定海神针"的作用）。2016年10月1日，国际货币基金组织再度表决人民币正式入篮的一天，我们期待，也相信人民币一定成功。

亟需升级的"中国式投资逻辑"
——人民币国际化后对投资有哪些影响

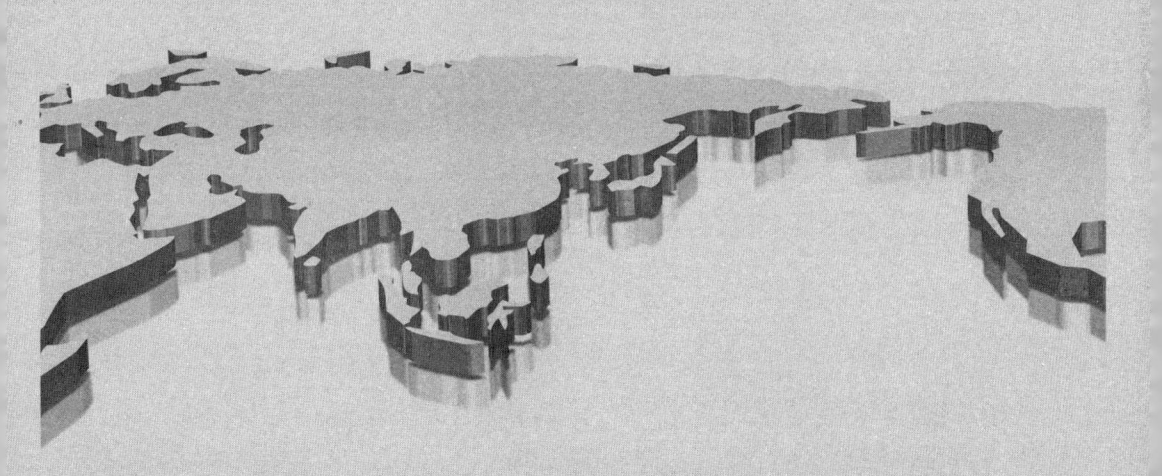

第三章

航天纪念币传递了什么信号?

目前中国有很多容易引发观点相左甚至族群对立的话题，人民币汇率改革尤其是人民币国际化之路径可能是其中之一。对人民币汇率走向的猜想包括人民币国际化对全球货币体系的影响，不仅在中国经济学家群体中引发严重分歧，国际上给出的判断也大相径庭。观点尖锐对立，背后是利益的对立！不要以为对人民币汇率预期的分歧仅仅是学术上的，背后有利益之争，甚至有政治诉求！

比如，中国人民币战略是怎样的？是人民币改变世界，还是世界改变人民币？人民币走向世界，会不会改变颜色？不同的利益集团所希望看到的未来人民币是啥颜色？人民币所内涵的中国劳动者的劳动力价值应该是啥"成色"？这些问题真是复杂之极，没有大智慧根本无法说清楚，即使很有智慧，也难以说清楚。所以本书只能是一家之言，一种感悟。

人民币百元大钞印着中华人民共和国开国领袖毛主席的头像，第三版百元大钞仍然印着毛主席头像。毛主席代表中国，代表人民币，也代表主权和政权的稳定。人民币走向世界，毛主席也走向世界，是不是？这是人民币战略必须回答的大问题！很多人认为，毛主席代表了已经过去的时代。错了！毛主席既代表了中国人民争取独立自由的时代，也代表了中国走向世界的时代。改革开放的"启蒙者"其实是毛主席，他选择了与美国恢复正常外交关系，选择了中国重返联合国，没有这两步，不会有后来的改革开放。人民币战略的核心就是走向世界、融入世界。人民币走向世界了，中国的国际地位才能真正强硬。当然，新的时代需要新的印记，在第三版人民币发行的同时，中国央行发行了一套"航天纪念币"，虽然是纪念币，但与等价人民币同时流通，这套纪念币发行量很大，它们都没有印上毛主席——画面是中国航天领域的一系列高科技成果以及对未来成果的猜想。

中国在航天领域取得的一系列成果是最值得自豪的，它们是中国能够领先世界的少数科研与工业制造水平的代表，用经济学术语表述，就是体现了中国创新劳动力价值的领导地位。这套纪念币能够体现中国高新科技在航天航空领域发展前景，也代表了未来中国的创新劳动力价值能够扩大战果，出现更多的领先世界的成果。很显然，这是一个新的理念。毛主席头像象征着中国政局稳定，这是币值的稳定的基础。而一个大国货币能够在国际货币体系中起到稳定器作用，能够成为"硬通货"，不仅需要该国政权的稳定，更需要提高该货币（价值）中劳动力价值的"含金量"，没有强大的高科技做支撑，货币坚挺就是一场梦。

新经济时代是以创新劳动引领劳动力价值交换的时代，谁的货币强大，谁的货币稳定，不仅要看政治经济的基本面，还要看这个国家"创新"的成色，看该货币中所隐含的创新劳动价值的稳定提升。创新劳动含量是一个大国货币能够成为世界货币的最重要标志之一。中国有差距，但也有值得骄傲的领域。

人民币战略是人民币从中国出发，出发地要稳定。未来，人民币将成为世界货币体系的重要一员，进而成为领导者，200个国家将持有人民币、储备人民币，它们将时时刻刻盯住中国。从这个意义上说，每一个中国人都要珍惜当前政治经济环境的稳定，自觉维护政治经济环境稳定；全世界看中国，不仅是看稳定，还要看发展。今天的时代与过去的时代差别巨大，最大的差别可能就在"劳动"。

今天的劳动已经不是马克思时代那种"普通劳动"、"复杂劳动"，而是"创新劳动"引领，一个创新劳动者所创造的劳动力价值可能等于马克思时代十万、甚至几十万个劳动者所创造的价值（量）。中国有多少创新劳动者，决定了未来人民币的价值含量。从这个意义上说，每一个中国人都要积极成为创新劳动领域的引领者、佼佼者，在提高人民币"含金量"的博弈中每个人都有责任。

创新劳动是动态的，创新劳动成果更是动态的，今天的创新劳动可能是一般劳动的"乘数"，如果止步，很快就可能只剩下"倍数"，甚至一钱不值。创新劳动是通过相互比较认定的，既是与过去比较，也是与世界比较，人民币走向世界就是要时时刻刻地进行这种国际比较。人民币汇率，则是国际间劳动力价值比较的尺度，创新劳动多了，价值量不断地提高，货币汇率就上行，反之，创新劳动力价值萎缩，创新产品越来越少，货币汇率就会下行。这种提醒对国家来说，尤其是对大国来说，非常重要。

创新国家才能成为世界的领导者，富含创新劳动价值的货币才是世界货币体系的支柱货币。"航天纪念币"的画面设计体现了创新劳动价值所代表的"含金量",它显示出中国是一个崇尚创新的国家,未来一定是创新大国,由此,才能引领世界前行。"爱国,创新,融入世界"是未来人民币的象征。

索罗斯为什么要做空人民币？

在2016年1月24日的达沃斯论坛上，索罗斯老头坦率承认他已经做空了美国股市，包括做空人民币、港币，这一点，被国内媒体爆炒。但我发现，国际媒体几乎忽略了索罗斯的谈话。为什么？索罗斯就是一个投机客，我曾经写过一篇文章，专门讨论索罗斯与罗杰斯的区别。这个世界不可能没有人投机，而投机往往是投资的先行者！靠投机取胜，就是攻其一点而不计其余，问题是攻击的那一点是不是要害，会不会遭到"其余"各方面的反击。

对索罗斯是否攻击人民币，至今还有争议。我认为，起码不能用"攻击"一词，因为做空是攻击，做多是什么？仔细看索罗斯的讲话，他其实是主张做多人民币的，因为他对中国经济中长期远景依然看好。如果说他短线做空了，我们首先应该看一看自己有没有毛病，尤其要看，这种毛病是内生的，还是由于操作失误导致的。

为什么媒体喜欢用"货币战"、"攻击"等充满火药味的词汇？因为要迎合读者，同时也因为索罗斯历史上的确曾经做空过中国。比如，在亚洲金融危机期间，他曾经大举做空港币，直至逼迫中国政府出手，索罗斯最后撤回了做空的仓位，但也导致中国政府"吐血"——实事求是地说，上一次中国政府虽然击败了索罗斯，但成本不菲，代价高昂，因此记忆犹新，索罗斯来了，就是做空，就是攻击。但我们的媒体为什么不评论一下：为什么索罗斯又来了，他不是"找死"吧？的确，这一次他又来了，而且是准备充分，还是攻其一点而不计其余。

索罗斯从来不打无准备之仗，从来不恶意攻击没有重大缺陷的货币（包括高估很多的投资品），更何况，这一次是他主动承认——有意地暴露自己的战略意图。那么，这一次他发现了人民币、港币怎样的缺陷呢？

首先，人民币汇率已经连续升值了八年，期间没有像样的调整，这是他敢于做空的第一个条件；中国经济已经连续三年下行，2015年更是没有丝毫起色，人民币汇率虽然在2015年8月11日有所调整，但随后又因为中国需要人民币入篮而一直护盘，拒绝调整，由此导致外汇储备急速下降，这是他决定做空人民币的第二个理由；更重要的是，人民币汇率内涵价值中"传统的"、"低效的"劳动力价值成分过重，到处是重复建设，产能过剩，高库存，创新劳动力价值含量很轻，这个货币很难承担起国际货币重任，这是索罗斯做空人民币的第三个理由；货币政策尤其是汇率操控的手法非常拙劣，导致一次次"股汇双杀"，暴露出中国没有应对国际市场操盘规律的专家，这是索罗斯敢于做空人民币的第四个理由。

有人可能要提问：索罗斯在对阵中国政府的历史上已经失败

过一次，而且上一次仅仅是攻击香港市场，针对港币，这一次他高调现身，而且是针对人民币，岂不是找死？应该承认，现在外资攻击人民币的确困难，尤其是公开对垒。但我的确忧心，因为这一次索罗斯一定是有备而来，而且针对性很强，同时积攒了足够"弹药"，足够打一场中长期对抗的阵地战。

我们知道，中国央行的人民币战略之一就是"迂回"，先让新兴市场经济国家持有人民币，再让发达国家持有人民币，这种迂回，在一段时间曾经被认为是人民币国际化之路径选择的一个"妙招"。其实，它也是软肋。所谓"迂回"战术，就是与新兴市场经济国家进行大量的人民币互换！比如，对俄罗斯卢布互换了多少？对阿根廷比索互换了多少？津巴布韦换了多少？委内瑞拉换了多少？还有很多新兴市场经济国家，都拿它们的货币换了不少人民币。

中国当时这样做，错了吗？不能说错了，但此一时彼一时，这些国家大都是资源输出国家，而中国恰恰是资源匮乏国家，但这些国家在中国大量进口资源时大赚了一把，结果由于国际大宗商品市场以及能源品市场价格连续下跌，这些货币都先于人民币汇率贬值而贬值。也就是说，他们早在中国经济出现下行趋势信号之时就选择了货币贬值，而人民币成为他们的"护盘"工具。而当他们的货币大幅度贬值以后，其手中的人民币并没有按照约定"按照一定汇率"互换给中国央行，而是在市场上抵押，甚至抛售，由此引发了第一轮人民币汇率向下调整——这就是2015年8月11日的第一轮人民币汇率下行。

更重要的是，谁在接盘（买入人民币）？现在明白了，是索罗斯以及与他结盟的对冲基金。索罗斯之所以敢叫板人民币，公开说他做空了人民币？其实是因为他手上，包括他的同盟者手上已经储备了大量从新兴市场经济国家央行中获取的"廉价"人民币！这些人民币，是他们今后持续地做空人民币的本钱！啥意义？如同股票市场，没有股票只能空对空，很多国家是不容许的，做空股指期货必须同时抛售股票，否则，违规！中国央行在2016年1月12—14日在香港、新加坡发动第一轮人民币汇率保卫战，战术之一就是：切断对冲基金的人民币借款渠道。

而我预计，索罗斯之所以敢于在1月24日宣布他曾经做空人民币、港币，说明，12—14日中国央行阻击战未必是完胜。因为，索罗斯手中还有大量人民币，他之所以说，第一是因为这一次他已经调集了千亿人民币，而且集结了不知道多少对冲基金，如果加上高杠杆，在人民币离岸市场是可以继续兴风作浪的；第二点更重要，就是时机选择，他一定看到，当前中国经济的下滑趋势是很难遏制的，未来中国央行降准降息基本是肯定的，因此，中国央行在香港、新加坡阻击人民币汇率下行是暂时的。当前，中国央行的资产负债表已经停止连续多年的扩张，转为萎缩，而人民币贷款的增长率与GDP之差越来越大——货币以17%的速度扩张，GDP却低于7%，甚至更低，说明大量人民币"空转"，没有发挥效益。由此判断，人民币汇率还要下跌，当中国政府主动调整，或者扛不住的时候，索罗斯等人会二次发力。而下一次，风暴会来得更猛烈。

怎么应对？首先，不能将人民币的战略意图公开化。货币政策可以透明一点，也可以隐蔽一点，当前，需要绝对隐秘！第二，要总结经验教训。

索罗斯公开宣战以及2016年初人民币离岸汇率的急速贬值告诉我们：人民币国际化之路是多么艰难。操作上绝不能政治化、情绪化。要知道，这个世界，很多货币都是严重高估的，尤其是在大宗商品市场急剧波动的周期，我们一定要做综合判断：大宗商品市场会不会在2016年走稳！当初拿宝贵的人民币与新兴市场经济国家互换是否值得。过去两三年，那些新兴市场经济国家中的所谓"佼佼者"，它们的货币已经快成垃圾了，比如俄罗斯卢布，2015年贬值50%左右，2016年不到一个月又贬值了30%以上！比如委内瑞拉，按照2014年的官方汇率，委内瑞拉的人均GDP达到1.6万美元，比中国还富裕，而如今货币贬值，若按照目前黑市价格折算，委内瑞拉的人均收入连中国的五十分之一都没有！

国际市场如此凶险，我们当初是否考虑过这样的风险，大量互换后，这些国家货币一旦出现巨幅贬值，我们如何防范风险？在达沃斯论坛上，外国媒体采访中国证监会副主席方星海时第一句话就问，中国有没有应对全球金融市场的人才，人家的担忧不是空穴来风！必须承认，我们的经验是很差的——基本没有实战过，而索罗斯那一边则个个是身经百战的高手。我们必须清醒：这一次人民币汇率保卫战，虽然是国家对私募基金，但人家的私募基金可是已经集结几万亿甚至千万亿的规模，而且还能加杠杆！他们攻其一"点"而不计其余，这一"点"，就是人民币离岸市场。该市场规模很小，影响却很大，我们难以保证"其余"多点隐藏的其他金融漏洞风险不会被引爆！

人民币汇率市场不是孤立的，尤其是在金融市场全球化背景下。中国的人民币虽然还没有走向世界，但中国经济已经与世界连成一体，尤其表现在中国对全球大宗商品市场以及能源品市场的依赖。如果中国不能在大宗商品市场以及能源品市场有足够的话语权，人民币战略实施将很被动；还有中国股市，虽然外资不多，至多5%，但就是这小小的5%就足以兴风作浪。我曾经算过：如果有5%的股票持有量，足以连续做空中国股市20%以上，更何况它的带动作用——千万不要低估舆论、舆情。2015—2016年中国股市的三次股灾证明，舆论可以引发危机，当所有微信群都在传播股市还要下跌的信息时，新华社说一万遍不能做空，也没有用！自媒体可以引导舆情，而舆情危机可以引发舆论危机，进一步导致国家治理危机，股市是很多危机的"导火索"。当前舆情导向很多是错误的，其中对改革、对投资、对股市政策存在很多庸俗化的解释，包括解读索罗斯；而中国的专家具体到国家治理层面，尤其是诸如人民币汇率、股市、房地产市场，他们的应对之策不是干瘪，就是捉襟见肘。为什么？没有实战经验，没有在全球市场进行过实际操作！中国到了一个重大转折点，需要实战中涌现的专家！

比如对大宗商品市场的预判，对中国经济发展前景的预判，对未来人民币国际化之路经的预判！

现在国际油价已经跌至28美元下方，未来会不会继续大幅度下跌？为什么那些从中国央行互换了大量人民币的国家目前很惨？为什么中国央行手中持有的"人家互换给我们的货币"已经快成废纸？我们在总结经验教训的同时，也要想一想还有没有"回本"的可能性，今后怎么办？人民币还没有国际化？其实早就国际化了！全世界已经到处是人民币——这就是中国M2增长率2015年高达13.5，2016年一月份更是高达15%，而GDP增长率却低于7%，甚至更低的大背景——人民币已经全世界流通，而且成为人民币的"对手"。

关键点在：我们换给很多新兴市场经济国家的人民币，被这些国家的中央银行转手卖给了第三方，而第三方将质押来的人民币又转借给了做空人民币的各路对冲基金！

这些人民币有多少？截至2015年5月，外国央行协议置换的人民币为3.1万亿人民币，后来更多——太多！目前实际记账的，在海外央行手中持有的人民币大约在8000亿左右，加上2015年5月后加速人民币国际化至2015年底的估计，对外互换协议已经有4万亿人民币在外国央行手上。这么多人民币，既是人民币国际化的成果，也是"炸弹"。我初步计算了一下：如果这4万亿人民币中有一半流转到了全球各大对冲基金手里（各国央行将人民币质押给外国银行而这些银行顺手提供给了以索罗斯为首的几家金融大鳄是极其自然的事）即是2万亿。如果以索罗斯为首的对冲基金已经有2万亿人民币在手，他们利用10倍杠杆来做空人民币那将成为20万亿的天量，中国政府有那么多资金来对付吗？难道要动用所有外汇储备跟他们硬干！更可怕的是，所谓高杠杆，很可能放大到100倍至200倍，那就是中国3万亿外汇储备的几倍了。

当然，我真的不相信索罗斯敢于"火拼"，因为中国政府最终很可能舍弃离岸市场，而国内人民币汇率市场基本上是封闭的，如果出现危机可以更加收紧。但那是改革倒退！同时，股市怎么办？房地产市场怎么办？地方债怎么办？商业银行巨大的隐性坏账怎么办？若人民币汇率离岸价与大陆市场的买卖价出现严重倒挂！人民币信誉全无，它凭什么走向世界！

但愿索罗斯在达沃斯论坛上公开讲已经做空中国，做空人民币，是一个"句号"，也是个善意的提醒。当然，我们也要做好充足的准备——不能只是新华社发表几篇社评！我们要公开告诉世界：人民币一定要走向世界，而且是强大的货币。为什么？走向世界的不仅是人民币，同时是一带一路、亚投行，是大量中国装备。中国的劳动力价值已不是只会种地、修房子的劳动力价值，我们已经掌握了全球最先进的高科技，而且可以制成全球第一流的工业品、消费品，包括最先进的无人飞机、机器人、高铁。你们对冲基金虽然持有大量的人民币，但那是"过去式"，未来中国劳动者将出口更多的人民币——中国装备，人民币之所以强大，不是因为中国政府有足够多的外汇储备，而是因为未来的外汇储备将"藏汇于民"，中国企业、劳动者会源源不断地增加外汇储备，他们可以与中国政府组成对抗国际市场对冲基金的强大战队。更重要的是，今天已经是金融市场全球化的新时代，所谓对冲基金，所谓金融巨鳄，他们面对的不是香港、新加坡的人民币离岸市场，也不是仅仅是中国央行捍卫的境内人民币交易市场，而是全世界绝大多数国家，尤其是发达国家的央行。中国政府已经及时提醒那些曾经与中国有互换协议的央行：不能将人民币低价抵押出去；同时已经联合全球主要央行，一旦出现恶意做空，全世界主要国家的央行将一起反击。搞乱中国，就是搞乱世界，这就是人民币战略！

我相信，虽然人民币国际化之路很复杂，很凶险，虽然中国的确缺乏应对国际市场对冲基金的人才,但时代变了,人民币国际化之路不可能是回头路,这一点全球主要国家的央行会给予配合。中国的人民币在过去多年曾经帮助过很多发达国家,包括美国以及欧洲,当人民币遭遇恶意攻击的时候,这些央行会与中国站在一起,这就是金融市场全球化——人民币走向世界,也需要全球金融市场的配合,需要金融市场全球化保护!

汇率波动为什么影响家庭财富？

2016年初人民币汇率"暴跌"的一课告诉我们，索罗斯用上万亿人民币时刻准备做空也提醒我们：在人民币正式走向世界之前，在全球经济进入金融市场全球化时代之前，不仅中国的深化改革将经历阵痛，人民币汇率也将大幅度波动！

人民币战略必须回答：人民币走向世界代表谁的利益？一般的宣传是苍白无力的。我说：人民币走向世界，人民币成为国际货币，能够代表绝大多数利益集团的利益，能够代表绝大多数人民群众的利益。

人民币汇率以前是一直升值的，这也是绝大多数老百姓支持改革开放的背景之一。而为什么人民币一加入SDR，一成为国际（后备）货币，人民币汇率却大幅度贬值呢？

人民币汇率以前的波动率每年可能只有百分之二，而且一路升值，人民币汇率刚刚有了夜盘交易，几天的波动率就是百分之五，而且是一路贬值，预期还会贬值。未来人民币真的加入全球货币体系，成为"自由浮动"货币，一年的波动率可能达到10%，让老百姓怎么适应，让企业怎么适应？这是一个非常现实的问题——人民币汇率一年贬值10%不算崩盘，但许多企业可能会崩盘，实体经济会崩盘！

人民币汇率改革给中国带来的肯定是利益，但短线却可能是阵痛！啥叫转型？不仅仅是去产能、去库存，更重要的是大环境要变，每一个企业的资产负债表要变，每一个家庭的财富会浮动，会出现巨大变化。我们不能只说好听的，要有应变的策略，而且要告知每一个企业，告知每一个投资者，包括消费者。

必须向老百姓和所有企业说清楚，在国际货币体系形成的几十年中，尤其是全球经济进入经济全球化时代以后，西方国家主要货币的波动率每年大约都在5%—10%左右，一些新兴市场经济国家货币在宣布自由浮动后，年波动率往往大于10%，有些国家甚至超过30%，极端情况出现，会有70%左右的波动率。

我们没有见过，不等于没有这种可能性！如果人民币想成为国际货币，想自由浮动，就要想到这种波动率能不能承受——国家能不能承受，企业能不能承受，如何承受。

我们要告诉消费者，通常情况下，汇率的巨大波动与国内相同币值的购买力之间是没有完全对等的等价关系的，即无论本国货币对外币升值还是贬值，国内市场等值货币的购买力水平之变化未必同步，比如，人民币汇率在2005年到2014年的近9年中一路升值，但人民币的国内购买力却一直贬值，呈现反方向运动；俄罗斯卢布在2015年的一年中对美元的贬值幅度超过50%，第二年接着大幅度贬值，但俄罗斯老百姓购买相同数量面包所付出的卢布未必更多——进口商品当然大幅度涨价。但出国旅行以及采购就完全不同了，比如日本就很担心中国的旅游者不来了，于是在春节前立即实施了日元贬值计划！

国际收支可能完全不同，国家实力会因为汇率变化而趋强或转弱，比如中国出口同样的商品，收汇能力会完全不同，外汇储备会受到巨大影响——打仗的实力也会减少。

更重要的是，在经济全球化背景下，所有外向型企业，也会因为汇率变化严重影响到资产负债表的盈亏。如果人民币汇率大幅度贬值，劳动者的工资未必上涨，股票未必上涨，出口企业的实际盈利水平也未必上涨，那时候，所有家庭都必须关注以人民币计价的资产价值变化，尤其是企业。

比如，一个企业的年度毛收入是10%，如果是完全内销的企业，资产负债表显示的盈亏是销售收入增加10%，而如果是一个外向型企业，汇兑损失可能刚好10%，收入为零！未来的中国，不仅外向型企业会越来越多，随着金融市场全球化，拥有外币、需要进行汇兑结算甚至外汇投资的企业也会越来越多，汇率变化不仅影响到它们当年的收入，而且可能导致生死存亡——尤其是大量举债外币贷款的航空业、房地产行业。

老百姓也是一样，目前很多家庭的财富主要是房产和股票，人民币汇率变化，必将导致房产价格、股票价格变化。因为金融市场全球化不同于以往的经济全球化（时代），若把经济全球化比作加减法，金融市场全球化就是乘法，经济全球化只是"加减数"，金融市场全球化则是"乘数"，经济全球化不考虑（金融）杠杆，金融市场全球化则到处是高杠杆，所有盈亏都会被"乘数"放大。以前的汇率波动是"肉烂在锅里"，现在的汇率波动则可能是财富被外国人洗劫！人民币汇率在全球金融市场波动，将极大地影响从经济全球化迈向金融市场化的中国企业，包括投资者，甚至普通老百姓。

很多经济学家喜欢阴谋论、战争论，认为人民币汇率一旦自由浮动，中国的财富将被西方敌对势力洗劫。这种说法虽然是肤浅的，但现实很可能就是如此残酷，尤其是我们自己很无能，操作上根本没有留后手，没有想到各种关联性，结果到处是软肋，就像已经破损很严重的鸡蛋，苍蝇能不来吗？

准确地说，人民币汇率自由波动同样影响到全球金融市场以及全球投资者，中国没有"藏汇于民"的政策环境，中国央行代表中国所有企业和老百姓持有外汇，他也要代表企业和老百姓经营外汇，中国央行的对手不是"任人宰割"的中国股民，而是身经百战的索罗斯们，他们对国际市场上人民币汇率波动的敏感性要远远大于中国大陆市场，因为他们早就熟悉波动率很大的市场，早就知道被中国媒体掩盖的很多软肋，他们知道如何攻击一点而不计其余，知道如何制造波动以及通过大幅度波动在全球市场上赚大钱。我们自以为能够控制，还明明白白地告诉国际市场"以后要习惯人民币汇率的大幅度波动"。为什么不先告诉中国股民，不先告诉中国企业，不先告诉中国的老百姓呢？！

现在，人民币汇率背后的政策面很不清楚，中国企业与人民币战略很远，他们会很忙乱。中国投资者更迷茫，人民币战略与股市是啥关系？难道中国政府希望看到股市下跌吗？全世界央行也在观望——这很危险。

企业和家庭要不要持有外币？

谈到人民币战略，不是人民币战术，战略是不计短线得失的，是容许"诱敌深入"的，但必须有前提，有底线：不能"伤筋动骨"，不能严重挫伤信心！我们站在2016年1月份做判断：人民币汇率第一战，有没有"伤筋动骨"，有没有严重挫伤信心？比如在2016年1月5日到7日的短短三天时间内，在岸人民币汇率连续贬值1000点以上，离岸人民币兑美元在跌破6.5后更是势如破竹，连续攻破6.6，6.72两个防御关口，贬值幅度超过2000点，人民币汇率五年涨幅，在短短几天内被打回原形！更麻烦的是：中国资本市场的"莫比斯环"（股汇同跌）现象来了，全球市场的蝴蝶效应（全球金融危机前兆）也来了，中国股市不仅暴跌，而且由于证监会在人民币汇率夜盘推出同时贸然推出熔断机制，导致4日股市暴跌后停盘，7日更是瞬间停盘，结果导致全球金融市场出现巨大波动。当日，美元指数下跌100点，恒生指数下跌4%，道琼斯指数下跌1.5%，日经指数下跌3.3%，德国DAX指数下跌3.9%，英国富时指数下跌3.1%，布伦特原油也急跌了近3.5%，各种恐慌指数都创造波动率峰值，全球市场则是哀鸿遍野，时间似乎穿越回了多年，回到了

2008年全球金融危机的时刻——不仅中国股民信心全无,全球市场的投资者信心也损失过半。

人民币汇率与中国股市的暴跌又一次以其啼笑皆非的方式向全球市场证明了其系统重要性及国际影响力。更有意思的是:人民币汇率保卫战虽然勉强守住面子,但第三次股灾却"如期而至",失去信心的中国投资者上演了砸自己的游戏,不仅不怕损失,而且情愿"承受"损失。中国媒体报道,最惨的是中国股民,每一个人损失至少十五万,超过了2015年6—8月的股灾。未来,还会有!这算不算"伤筋动骨"?我们"诱敌深入"了,我们付出成本了,未来能不能收复失地?我只能说:恢复信心,成本会很大!

首先看到的成本是流动性逆转,2016年初,兑换美元成"疯",企业结汇自1月11日起被严格限制,居民换汇早就有严格管理——每个人每年五万美元——不可能再紧,但架不住人多,因此每一家商业银行换汇柜台都在排队。每一个企业都在想方设法"截留"外汇。国家外汇储备转移到企业、老百姓手上,很好,但大规模转移,突然间转移,很不好!

有人问,居民换汇有用吗?的确,在专家眼里,居民来回倒腾外汇还不够成本(目前手续费大约3%,来回就是6%),也就是说,如果仅仅出于避险目的而换汇,除非人民币汇率下跌幅度达到6%以上才保本。但如果是金融市场全球化呢?换汇成本可能不到1%,那就成为必须!

还要考虑到时间成本以及中美(中欧、中日)间的利差,目前中国的人民币理财产品利率水平普遍在5%左右(年息),而美元的理财产品利率通常只有2%（年息），这一下，又少了3%。还要考虑到资本市场收益率，美国股市已经上涨了7—8年，基本见顶，逐级回落是大趋势，中国股市虽然在2016年初暴跌，但机会往往是暴跌后才出来。经过综合计算，还是不要盲目换汇为好。但，如果考虑到人民币国内市场的利率水平是下降趋势，美国是上升趋势，未来人民币汇率如果继续大幅度贬值，是不是持有一定数量的外汇更稳妥呢？因此，我还是建议大家留存一些外汇。企业、投资者，也要有人民币战略！

从人民币战略角度看，事物都有正反两方面。热钱出走，老百姓对人民币汇率坚挺有怀疑，它是人民币汇率暴跌的主要原因，也是"现实教育"，早一点比晚一点好，而且，它也是促成"藏汇于民"局面的好时机。虽然我不主张盲目换汇，但每一个企业都应该在资产负债表中设置"外汇占款"科目，非常多的家庭需要持有一定数量的外汇——无论你有没有送子女出国学习还是境外旅游的计划，有一点点外汇如同有一点点黄金，有一点点股票，包括有一套未必常住的房子。不一定是应急之需，但它们是应变之需，也是鸡尾酒式储备资产之需！

"藏汇于民"战略的最终落实，需要国家开辟与国际市场对接的外汇市场，这一点，国家应该已有考虑。为什么？这是人民币战略的组成部分！大国货币，国际货币，如果没有与国际市场接轨的全球化外汇市场，那只是梦！我们要学习毛主席的诱敌深入战法，怎么把索罗斯他们引进来，他们不是持有很多人民币吗？我们在大陆设置人民币汇率战场——包括外汇市场、股票，股指期货市场，跟他们在大陆玩，一千亿，一万亿，如同儿戏。

当然，真正的"诱敌深入"是需要知识的，啥知识？金融市场的实战知识——不是纸上谈兵，而是实战。2016年中国股市与人民币汇率市场已经展开了生死之战，外汇市场见过吗？99%的人没有见过，更没有玩过。现在谈"诱敌深入"，还早。

我们的外汇管理政策与人民币战略脱节，这可能是最大的失误！人民币要走向世界，中国老百姓却不能持有外汇，远离全球外汇市场。过去很多年，中国没有"藏汇于民"战略考虑，现在看，的确是最大的软肋。

说中国是全世界外汇储备最多的国家，这个说法不准确。准确的说法是：中国是政府持有外汇储备最多的国家。反之，在绝大多数中国企业的资产负债表上，外汇资产与负债寥寥无几，绝大多数老百姓的外币资产几乎为零。实施人民币战略光靠政府，怎么行！

中国政府很早是有藏汇于民考虑的，有一个现象可以证明。中国有一个B股市场，它的存在，就是为持有外币的居民开了一个小口子。但多少年了，它流动性很小、很差，只出不进，几近关闭。我是第一个提出"藏汇于民"概念的人（见《第一财经日报》），其中内涵之一，就是希望B股市场慢慢做大，同股同权。但提了多少年，没有人重视。现在的结果是什么？几乎没有企业想利用B股市场，有了外汇，也不知道干什么，老百姓持有外汇，更是看着它收益率几近为零。市场的选择做大了中国政府的外汇储备，以致不堪重负！

谁说人民币汇率涨跌与国内物价总水平起伏变化关系不

大，谁说"藏汇于民"没人重视，那是没有到"大难临头"的日子！在人民币汇率暴跌的短短一个月时间内，中国各大商业银行外汇兑换柜台一片繁忙，几乎全是单向买入外汇，企业截汇更是普遍。

与此相对应的是，中国政府的外汇储备在2015年12月的一个月中急降1080亿美元，多年罕见，远远超出所有分析师的预期。不要忘记，虽然中国截至2015年12月底还有3.33万亿美元的外汇储备，但2016年1月才是人民币汇率急剧贬值的月份，在这个月里，中国央行为了维持人民币汇率不出现继续暴跌局面，每天都要大量抛售美元买入人民币，越来越接近极限，因为中国央行实际能够动用的外汇储备要远远少于3.33万亿（其中绝大部分储备都购买了中长期债券，没有到期），因此，人民币汇率急跌、暴跌，很可能引发中国政府外汇储备的"枯竭"。

好事，还是坏事，急需搞清楚！一方面，人民币汇率"危机"成全了"藏汇于民"，巨大的国家外汇储备开始向企业和老百姓转移；另一方面是，中国央行为了维护人民币汇率稳定而不得不大量抛售美元、欧元储备。比例多少很关键！如果说，国家外汇储备转移到国内企业和老百姓手中，是好事情；但若这么多外汇打水漂了，堵枪眼了，可是大麻烦！

我们先看现象，以深圳商业银行为例，进入2016年以后，每天兑换外币的窗口都在排大队，企业结汇更是繁忙，不得不限制——8日晚间中国央行下发文件，所有商业银行都必须限制外汇兑换量，尤其是企业结汇。老百姓很恐慌，企业很恐慌，每一个中国人都在问：要不要持有外币？持有哪一种外币？从香港那边过来的人告诉我，上个月用人民币购买港货相当于打八折，才不到一个月就变成只有八五折了，未来会不会平价。而所有专家的回答几乎是一致的：肯定有可能！赶紧买外币，每一个家庭都最好持有一定的外币，每一个企业都要改进资产负债表，增加外汇占款——我一直提倡的"藏汇于民"终于在人民币大幅度贬值的背景下实现了——真是让人啼笑皆非！

房地产市场如何走？

最复杂的预测是人民币汇率与中国房地产市场的线性关系，房地产行业与政策的关联度太大，而目前这个行业的处境很可能是岌岌可危。

从历史数据观察，人民币汇率一路升值与中国房地产市场火暴呈现正线性关系，但推升房地产市场的绝不仅仅是汇率！中国的房地产市场的运行轨迹与国际上所有国家都不一样，因为中国的房地产市场是"从无到有"，是从"零"很快到上百万亿，从绝大多数人没有自己的住房，到90%以上的人拥有自己的住房。这个过程仅仅用了十年左右。

按照国际标准，今天中国的房地产已经到了严重饱和的程度，同时，国家的房地产政策已经连续四年左右是以压制房地产行业为主。中国目前的情况是：不是人民币汇率贬值压低房地产市场价格，而是房地产市场的萎靡不振将不断地压低人民币汇率！问题是，这种线性关系会不会延续，会不会恶化，会不会形成恶性循环态势？

房地产行业与宏观经济运行有正线性关系，这一点全球各国都雷同。最近全球发生的几次重大危机，都与房地产相关，尤其是美国的次贷危机。但有一点必须看清楚，房地产行业的过剩其实是相对的，即使是中国，表面上看到处都是"空楼"，三四线城市商品房严重过剩，但如果考虑到中国的人口规模以及中国人对房产的特殊偏好，所谓过剩也是相对的。比如美国次贷危机是源于房地产行业相对过剩，尤其是购买力"发虚"——绝大多数购房者都是穷人，靠廉价贷款买房，一旦信贷收紧，房价下跌，只能卖房子抵债——即使是这样的情况，一旦美联储放松货币，政策面逆转，房地产行业立即复苏。美国是目前全球房地产最火暴的国家之一——当然，这其中有中国因素（中国人到美国买了不少房子）。

中国的房地产行业与人民币汇率有关系，但更重要的关系还是房地产政策。

但按照传统经济学理论分析，人民币汇率下行有利于房地产行业，有利于房价温和复苏。为什么？因为人民币汇率下行，终将迫使政府释放流动性，无论是降准还是降息，对房地产市场都是刺激。但是，只是调整人民币汇率，尤其是只是通过央行卖外汇来压低人民币汇率，未必能够刺激经济，尤其是实现房地产市场的去库存。

我在2015年曾经发表文章，针对房地产政策僵化而大喊：为什么中国人不能有两套房、三套房？天天在人大讨论的房产税的起征点为什么不能定的更高、容忍度更宽？

2015年12月，中央经济工作会议与中央城市工作会议套开，规格空前，而其中最大的亮点可能就是去库存问题，预计随后将出台一系列房地产新策，扭转被房地产行业下滑所拖累的中国经济被动局面。

中国梦是什么？是财产梦，是富裕梦，是幸福梦。何谓财产？何谓富裕？何谓幸福？离得开房子吗？无论是什么阶层，最关心的都是房子。为什么？它是财产的凝结物，而且是目前中国最重要的财产凝结物！小康、小康，没钱就慌，光有钱，没有房，更慌！在已知的全球主要经济体财富比重中，百分之六十都是房产。

很多富裕的人尽管收入很高，能够住在超级大城市，但现在要天天"享受"雾霾，算不算幸福，他们难道不想远离雾霾，哪怕是每周离开一两天也好；中国现在交通发达，2000公里，朝发午至，有在北京找饭店聚会的功夫，成都、昆明已经到了饭桌。为什么不能容许他们在外地置业呢？不仅是富人，中产者群体难道就不能在超级大城市之外再买一个"家"吗？据我所知，全世界发达国家甚至俄罗斯等新兴市场经济国家，很多居民都有两套房、三套房，周末度假有去处，洗肺也有去处，为什么中国老百姓就不能追求有两套房、三套房？为什么有人主张房产税要从第一套房子开始就按照面积征收呢？表面上的公平，其实隐含着极大的不公平——经济学已经证明！

即使是收入很低的农民，尤其是农民工，也可以有两套房、三套房的梦！现在许多有钱人，他们在三十年前，甚至二十年前都是农民，他们通过到城里打拼已经成为城里人，成为有钱人，凭什么不让他们在城里买房，而现在还没有致富的农民工，谁能保证他们10年后不是富翁。退一步讲，现在国家鼓励农民在城里买房子，他们在城里买房后，算不算有两套房、三套房？政策容许农民进城买房，同时保留乡下的老宅子，包括宅基地，同时却严格限制城里人的住房面积，更不容许城里人买两三套房。这样又是否公平？

房产税要按面积征，不知道这样的主意出自哪一位经济学家，反正我是几次亲耳听见贾康（中国财政学会副会长兼秘书长）这样说——记得在凤凰卫视辩论房产税问题时我就把他顶了回去：我们天天讲要消除城乡差距，你却讲城里人要按照住房面积征房产税，农民怎么办，农村的住宅怎么征？他答，农民可以免征。我告诉他，这样的政策一两天可以，时间长了必然出问题。农民已经有土地，有了财产，不要说房产税，未来的房地产税，农民都必须缴纳，否则如何公平。为了征收房产税，就制定赦免农民的政策，你以为农民会感谢你，未必！未来中国是要征收财产税的，农民有没有财产，凭什么农民的房子就不算财产，说实话，很多农民情愿缴纳房地产税，也要将自己的房产包括宅基地算作可以流转的财产。未来农村土地可以流转，宅基地也可以流转，这都是钱，能免税？我们不能看见今天城里人有钱就让城里人交莫名其妙地交税，以后看见农民有钱了，又想办法让农民交税。

税法要在最初制定时就想到长远，想到平等，想到不能朝令夕改。城里人可以缴纳房地产税，也应该缴纳，但要城乡平等，农民也要缴纳。既然考虑到农民目前无法承担税负，那为什么不考虑一下城里人在买房子时已经交了很重的税，可以更宽地赦免呢？为什么房产税只是打城里人的主意，而且要从第一套房开始征收？

经济学家应该知道：鼓励大家买房子——城里人、农民工一视同仁——房子卖得多了，房地产商的税费就增加了，国家税收也就自然增加了，这是买房人对国家的间接贡献，要鼓励，要支持,不要用房产税吓着他们。更何况,当前中国经济很困难,房地产行业在拖整个经济的后腿,去库存很急切。

  2015年底召开的中央经济工作会议(包括中央城市工作会议)开得很好,它第一次明确提出要容忍投资性购房——以前属于打击对象。不仅是投资性买房,更多的是改善性需求,不仅是容忍,还需要鼓励。对绝大多数人来说,改善性需求都是刚性需求,他们不仅在一个城市有改善性需求,而且越来越多的人会在工作城市以外产生改善性需求,比如寻求冬暖夏凉居所,寻求空气质量好的居所——改善性需求是可以跨越地域的,未来许多人都可以在不同的地域有两套房、三套房,这就是房地产新政。中国现在交通已经四通八达,未来会更加发达,假期也多,劳动者为什么不能找个空气好的地方好好休息休息几天?鼓励两三套房子,即是供给侧,也是消费侧,起码对未来的旅游消费是大刺激。这样的好事,对国家和老百姓是双赢,何乐而不为?中国已经进入老龄化社会,很多人年纪大了,不愿意在大城市休息,可以到风景区买房,游山玩水,颐养天年——只要养老金提取、医药费异地报销能够解决,老年人到风景区附近买房将成为一道靓丽的风景,这也是国家房地产去库存的一大妙招。

投资者须学会对冲人民币汇率

我在很多场合讲，中国企业要学会做空人民币，说得婉转一点是：学会对冲人民币汇率！人民币汇率每年向上运动2%左右的时代过去了，人民币汇率每年波动率不到3%的时代也永远过去了。现在的趋势是下行，未来的趋势是大幅度波动，如同中国股市。中国企业要早做准备，投资者要提前学习。

保卫人民币，绝不是保卫人民币汇率；保卫人民币资产，绝不是一味地赌人民币汇率持续升值。相反，我们要学会在人民币汇率贬值周期中如何保住自己的人民币资产价值，学会对冲，在人民币汇率大幅度波动的新市场中游泳。

2016年1月14日，有一个消息引起了我的注意：随着人民币汇率波动的加大，港交所的美元兑人民币期货（以下简称人民币期货）产品受到热捧，对冲人民币汇率风险的基金一天售光！很显然，香港市场已经敏锐地察觉到人民币汇率每年波动率不到3%的时代永远过去了，市场将迎来每年波动率大于10%的新时代！

据我了解的中国企业情况，懂得外汇市场的企业家非常少，大约只占1%，曾经使用过外汇期货的企业不到1%。为什么？习惯了人民币升值，习惯了人民币汇率波动率被政府管制，每年顶多3%！无所谓！更重要的是，企业拿着外汇，干什么？政府要知道，不是企业要对冲，而是国家要对冲，你如果没有这样的市场，大家就要到境外去对冲，那时候，外汇储备外流会更严重，而且凭什么要让外国人赚中国人的手续费！

2016年为什么是新时代，新周期？因为在这一年人民币将正式成为国际货币！除了我常常提醒的一系列好处，成为国际货币必须做出牺牲：人民币汇率定价必须市场化，而所谓市场化，就是做空"常态化"。

2016年初，人民币汇率出现大幅度下跌，中国企业、中国投资者怎么看？

众所周知，在新加坡、香港，包括世界其他国家，都有人民币汇率的期货市场。在这些市场，境外投资者或者是企业都能用极小的成本锁定人民币汇率变化的风险，同时，投机客也可能用很少的资金攻击人民币汇率。这些市场的吸引力巨大，政府可以不容许中国企业、投资者在境内做空人民币汇率，但政府敢不敢完全隔绝境外人民币汇率市场，如果敢，等于宣布人民币国际化之路失败，中国将开倒车，走回头路，而且，中国企业将不可能有任何对冲人民币的选择，他们与国际市场将完全脱钩，让他们怎么做生意？回头路是不能走的！

首先必须强调，市场化是包含对冲选择的，不仅是货币，不仅是股票，也包括实体经济！在中国境内还没有与国际市场接轨的外汇市场尤其是外汇期货市场、保证金市场的时候，境内企业对冲人民币汇率，只能选择境外市场。如果走回头路，中国政府可以继续下血本维持人民币汇率稳定,通过控制、关闭市场交易的方式稳住人民币汇率,但这种选择等于是"闭关锁国",等于是否定一带一路,否定亚投行。改革的逻辑是不能逆转的,既然有一带一路的战略思考,既然义无反顾地建立友好,我们就不能再固执地延误建立境内外汇市场的时机。拖延,就是对中国企业不负责任,对一带一路规划的轻蔑!

市场机制应该考虑到保护机制、对冲机制,包括中国股市的股指期货设计。我们必须看到,许多国内企业已经在思考对冲人民币汇率。国家不提供正规的市场做保护,一些中国企业没办法,一些股票投资者没有办法,只能寻求国际市场保护——到境外市场做对冲,虽然它们只是极少数,但这些先知先觉者的示范效应将掀起滔天巨浪,同时也是对中国政府的提醒:再不保护我们,就全部出去了!

何谓人民币战略,就是要国际化、市场化!在金融市场全球化的大背景下,你不开放市场,不建立市场,人民币就永远只是小国货币、弱国货币,远离时代潮流的货币。问题是,中国政府想不想让人民币国际化?人民币想不想成为强国货币?如果想,就不能拒绝建立国际化的外汇市场——如果要建立这样的市场,从现在起,就要进行全面的人民币战略教育,公开告诉企业、告诉投资者,中国政府将坚持既定的人民币国际化之路,很快将改变原来的市场模式、监管模式,外汇市场和股票市场,都要变!

离岸人民币汇率市场虽然很小,但它的影响很大,因为它预示着很快大陆也会有这样可以做空的市场,而且是可以加杠杆做空的市场。

直到今天，我们还在讨论恶意做空，善意做空！做空就是做空，这是企业、投资者的自主选择，政府只要提供市场就行。可不可以制止做空？可以，但那是拒绝市场经济，拒绝人民币国际化。所谓接受目前的国际金融市场规则，其实是很具体的，第一点是必须适度容忍做空，今天索罗斯之辈在离岸市场对人民币汇率进行"炒作"，包括他直接在达沃斯宣示已经做空，都是提醒：投资者尤其是离岸人民币的持有者必须对于人民币汇率预期有发言权。相反，我们不得不容忍索罗斯做空，却阻止中国境内企业做空，咒骂投资者做空，会出现什么事情吗？永远没有人做多！

当中国股市剧烈震荡直至发生股灾时，绝大多数人都认为是股指期货市场惹的事，于是中国证监会对股指期货市场交易进行了大幅度的限制，怎么样？第二次股灾还是来了，第三轮股灾也跟着来了——由于绝大多数投资者不能做空——只能卖股票，因此股市尤其是个股跌得更惨。不让对冲、做空，实体经济怎么办？股票市场可以卖股票，实体经济就只能卖企业了。如果大家都不愿意经营企业，虚拟金融市场的巨大风险，就会转移到实体经济。对冲，尤其是对冲的市场机制，其实也是保护，不仅是保护投资者，更重要的是保护企业，保护实体经济。这一点在人民币汇率上表现得非常明显，从中长期看，一个可以对冲人民币汇率的外汇市场对稳定实体经济的作用要大于市场的"加力"作用。

企业怎么对冲，国家怎么对冲，这里面有大学问。

中国要争取让人民币成为国际货币，就必须加大汇率自由浮动的波动率，参照国际货币通常的波动率设置政府干预的红线——不到红线不要轻易地干预，一接近红线就要提前预警，及时干预。国际外汇市场通常的波动率有多大呢？我们的企业必须知道，投资者也要知晓。

下面我简单地做一些介绍，各个货币不完全相同，各个时期更不完全相同，但可以做参照。

在没有出现大的危机或者黑天鹅事件的时候，美元指数的年度波动率一般在7%左右，最大幅度不会超过10%；欧元的波动率通常都在10%以上，至于英镑、瑞郎，更是经常超过10%，瑞郎的黑天鹅事件曾经创造一小时波动率高达40%的记录！日元板块是波动率最大的国际货币，因此市场经常认为日元的不稳定性最高，其实这无法归罪日本央行，因为日本经济无法承受高利率，因此日元与其他国际货币有着明显的"息差"，即使用日元贷款要比使用其他货币贷款付出的利息更少。于是，日元有一个雅号——"息差交易货币"。

长期以来，借入日元，买入其他货币，尤其是与中国关联度最大的商品货币，可以白白地享受每天的（乘数）利息，如果你是使用期货交易，每天晚上12点之后都会有利息收入，而且惊人，这就是"息差交易货币"称谓的来历。

问题是，日元的波动率太大，平均每年的波动率会高达15—18%，这是很吓人的。可以试想一下，如果人民币汇率在一年中波动率高达15%，多少企业会死掉！

但我告诉大家，可能是我孤陋寡闻，从来没有听说日本企业因为汇率波动率太高而倒下！即使是在金融危机或者黑天鹅突然间起飞的时候，日本企业都应对自如——这是为什么，我们要学习呀！（看下图：2015年1月15日美元兑瑞郎45分钟之内大幅度震荡，幅度高达40%，两个月以后，又回来了，中国企业遇到这种情况怎么办？）其中最重要的一点，就是日本大企业包括中小企业都在外汇市场做对冲，这也是日元汇率最活跃的原因之一。人民币走向世界，要向日元学习，向日本学习。

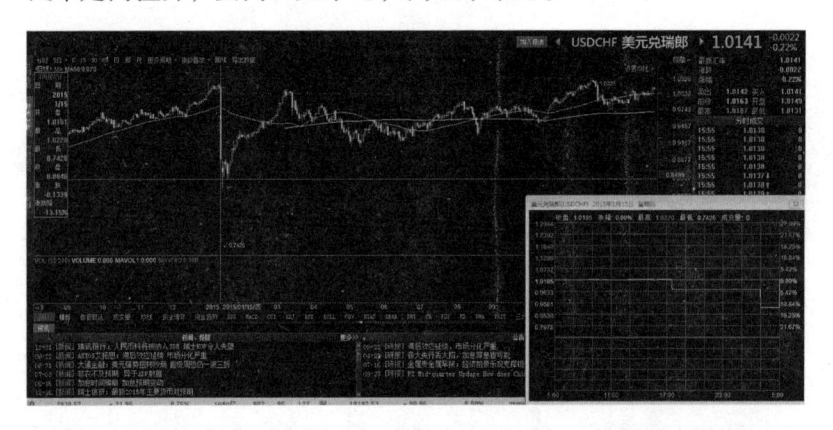

当黑天鹅突然间起飞的时候，对冲保护就显示出独特的作用。未来人民币汇率会不会出现黑天鹅？很难说，但国际市场每年都有黑天鹅。

根据我的经验，像2015年初瑞郎那样的黑天鹅事件，在国际外汇市场每一年最少发生两次，很多时候是四五次。

我认为，未来人民币汇率可能是国际市场波动率最大的货币！为什么？一是年轻，国际市场向来有群狼围歼恶虎的传统，你越是示强，越要接受大家的围攻；二是货币政策透明度差，所谓透明度差，实际是掩盖弱点的代名词，你有弱点，经常会给市场发动突然袭击的口实，遗憾的是，绝大多数中国企业不知道！

这不是故意诋毁，也不是我的一家之言。众所周知，中国央行未来具有很大的货币政策宽松空间，但中国政府高层以往一直拒绝使用"货币政策宽松"的字眼，一直用"稳健、中性"解释当前的货币政策，包括未来的货币政策，而且还将"供给侧改革"与拒绝宽松划等号——这可能正是最大的不确定性。日本政府已经在中国春节前突然间调整货币政策，日元飞起了黑天鹅，一旦中国政府调整货币政策，黑天鹅也会起飞！因为全世界，包括中国企业、投资者都以为"稳健、中性"的货币政策就是停止降准、降息！

我在上文中已经指出：稳定汇率或者压低汇率，不能只靠外汇储备调节——外汇储备是干什么的？主要作用是维稳，那么，当中国政府已经决意调低人民币汇率时，就不能同时减持外汇储备。要想到，中国没有那么多外汇储备——四万亿多吗，不够半年折腾的，三万亿多吗？已经接近临界点。还是要学习西方国家央行，汇率调控主要要靠货币政策，靠降准、降息，尤其是在宏观经济下行的大背景下。

为什么不敢继续降准包括降息？就是因为外汇储备已经作为对抗汇率下跌的主要武器——没有武器弹药了，怎么敢降准降息。经济新常态的提出，已经包含了人民币汇率下行，以及外汇储备减少，但两个操作要有先有后，根据市场情况做判断，不能同时使用。

中国政府以前频繁地明确地宣布，绝不会使用类似QE的货币政策，拒绝进一步降准、降息，但未来呢？目前，很多关于中国也会实行QE的预言都被当作谣言，但谣言很可能是遥远的预言：

一旦中国股市继续暴跌，宏观经济出现重大危险，中国央行怎么会坐视不管。全球几大央行都在实施QE，而且是追加QE，中国政府守得住吗？中国政府为什么会在2015年8月强力救市，为什么第三轮股灾发生却没有救市？未来谁能保证中国政府不再救市——那时候可能不仅是救股市，而是救经济。货币政策绝不宽松，绝不会使用QE，说早了！经济危机、金融危机都不是早早地告诉市场的，政府更不可能预先预感到——这就是中国经济的最大软肋，也是人民币战略的最大软肋。

最后的人民币资产
——农村集体土地变相买卖

中国最大的一块人民币资产可能还没有计价，我很早就说过：中国的国家级资产负债表有极大的扩张潜力，以前是城市房地产从无到有，从近乎零资产到现在的近150万亿，现在在国家资产负债表上已经是大头。但与未来相比，这些房产可能还是小头，中国还有超过20亿亩的农村集体土地，超过30亿亩国家山林，仍然没有在资产负债表中计价，也就是说，未来一旦农村集体土地可以流转，山林可以流转，它们的价值将被计入国家级资产负债表，与15年前的城市房地产一样，很可能是从无到有，急剧膨胀，一下子为国家的资产负债表增添几百万亿的资产。这是中国未来最大的一块人民币资产，同时也是最需要保卫的一块人民币资产。

十三五期间，又要搞"土地改革"了，过去几年悄悄进行的农村土地"确权"工作已经接近完成，很快，要给农民发土地票了！农村土地会不会"私有化"？在明确产权的过程中会不会导致土地被低价流转？这是保卫人民币资产的大问题。

我一直强调，农村土地要坚持统一流转，最好是通过合作社方式、股份制方式进行流转，防止一家一户随意流转，土地变性，财富流失。土地流转不是私有化，而是私产化，目的是让农民通过土地确权流转而致富，国家通过土地相对集中而使现代农业得以实施，农业占比（占国民经济总量）上一个大台阶。

中国年年讲重视农业，重视农村，但我们的农业生产力却跌到了近乎崩溃的水平，农民劳动越来越不值钱。2015年，纯粹种植业为国家贡献的GDP只有不到5%了，养殖业也是年年下滑，严重的入不敷出。在这个基础上流转土地，尤其是一家一户流转土地，很可能是严重低于实际价值的贱卖！

怎么平衡农业发展与农村土地价值提高的矛盾？新型集体化！要再度组织农民，发展新型农业合作组织，成立合作社式的农庄或者股份公司，通过生产优质农产品，通过开发旅游农业、观光休闲农业、文化农业，增加农业总产值，提高农业劳动价值。

上世纪初，毛泽东曾经发表《湖南农民运动考察报告》，第一次提出通过土地生产、供销服务、信用合作方式解决农村贫穷问题；1999年，习近平主席担任福建省副省长期间，亲自主编了《现代农业理论与实践》，否定了"公司+农户"的所谓农业产业化。遂后于2001年，在其博士论文《中国农村市场化建设研究》中，明确提出只有"走组织化的农村市场化发展路子"，只有"将农民组织起来"，才能使农民尽快安全、顺利地进入国内外市场，并能有效降低进入市场的成本，提高农产品市场竞争力、市场占有率。

2006年，习近平主席主政浙江，精准地确定综合合作的"三位一体"的构架，同年5月15日，《浙江日报》发表署名"哲平"的评论文章《建立强大的农业组织体系》，以挂职瑞安的人民大学博士陈林师正在试点的"三位一体"农村综合协会为代表，要求建立完善的以农民为主体的农村产业组织体系。2006年12月19日，习近平主席在浙江全省经济工作现场会上，全面论述生产合作、供销合作、信用合作"三位一体"构想："三位一体"是三类合作组织的一体化，也是三重合作功能的一体化，又是三级合作体系的一体化。2014年9月29日，习近平主席主持召开中央《深改》第五次会议强调：农民为主体。

这一系列事例说明，以农民为主体的集体经济政策拐点将在中国出现，它将以集体统一土地流转为背景，极大地提高农村以及农业对国家以及人民币资产的贡献率。

在我撰写这本书的时候，也亲自参与了农村集体土地流转与农村股份制试点的实践。参与了通过农村旅游项目开发对接精准扶贫工作。我发现，新型县域经济已经不仅是单纯的农业经济，现代县域经济，农业只是很小部分，县域经济的最大亮点是青山绿水，而如何将青山绿水变为巨大的人民币资产，是一个很大的课题。

如何理解现代农业？几十年的实践证明，改革开放的历史也证明：靠传统农业只能解决温饱，不能走向小康，县域经济尤其是农村经济必须全方位发展，不能再单打独斗。我的实践就是通过合作社方式吸引农民参与青山绿水建设，不是搞大开发，而是搞大保护，不搞一家一户的土地流转，而是通过农村集体方式参股流转。让农业变性，让农村变成城里人的乐园。让青山绿水为旅游业服务，为环境保护服务，将现代农业与历史文化相结合。具体办法就是：农民以村组织合作社，用土地做股权，农民拿股份参股城里人开办的旅游公司。农民不是以前的农业劳动者，而是青山绿水的保护者，旅游文化的建设者，不仅是优质农产品的生产者，同时也是经销商。实践证明：农民只有向往富裕才能有脱贫的欲望，只有与资本相结合才能在青山绿水上做大文章，过好日子，而他们原来不值几个钱的土地、山林，由于入股旅游公司，全都变成了金山银山。不用宣传，他们会像珍惜自己生命那样珍惜绿水青山，会像爱护自己的儿孙那样爱护绿水青山，因为以前的穷山僻壤已经把城里人都吸引来了，城里人在这里休闲，在这里呼吸新鲜空气，吃农家饭，吃完了还买。农民不仅有农业收入，还有股份分红，多么美！实践证明，没有村社共同体做桩基，农村土地很难提高价值，这一块人民币资产就很难实现保值增值，县域经济也是空中楼阁。

一域之战，一国之战

——人民币保卫战的核心是保卫人民币资产

第四章

人民币汇率离岸市场大血拼

2016年中国政府已经明确：不容许人民币汇率大幅度下跌，其实，准确表述应该是不容许人民币汇率无序下跌，这两个不容许，区别在哪？就是以外汇储备不会"违约"提取为底线！

保卫人民币汇率，已经是一场战争，虽然没有硝烟，但开支巨大。怎么保卫人民币汇率，不能打消耗战，但却不能不打消耗战——以显示中国政府的决心。

我认为，人民币汇率要保卫，但关键点还在宏观经济，保增长，才能最终保住人民币汇率！在各项宏观经济政策仍然在酝酿的过程中，需要亮剑，需要让索罗斯之流有所忌讳，需要告诉他们：保卫人民币汇率是全球央行的一致行动，人民币国际化也是全球央行的共同选择！

2016年1月11日凌晨我发表文章：不能任由中国金融市场形成"汇股双杀"的反常局面，要针对离岸市场大肆做空人民币汇率的投机行为组织反击，只有中国政府反击成功，才能给全球央行以信心。该文针对的就是2016年初在中国资本市场发生的罕见现象，人民币汇率与中国股市联袂暴跌！

随后的连续48小时（12日—13日），中国央行在香港、新加坡等主要离岸市场发起了人民币汇率保卫战。可以记载进史册的主要战役部署是：查明离岸市场主要做空人民币汇率的大型国际机构，通知所有内地的商业银行包括香港的中资商业银行，停止对这些机构的人民币拆借，倒吸人民币在境外市场的流动性，一下子将香港、新加坡人民币隔夜拆息利率提高到167厘。此举没有费一枪一弹，却将当天人民币汇率离岸市场推高1000点，显示出中国央行的威力。第二天，人民币汇率企稳，中国股市也反弹！这48小时里究竟发生了什么？中国央行如何攻击海外金融巨鳄，选择了什么"杀手锏"？非常值得记录并总结。中国政府有没有能力捍卫人民币汇率，有没有可能在子弹有限的背景下维稳人民币汇率，这一场大血拼就是典范。我从亲身参与者那里得到了当时的实战记录，下面即是记录，也是夹叙夹议：

国际投行与投机客联手布局做空人民币汇率，索罗斯率众参与，提前布局。

当人民币为了加入SDR而紧锣密鼓张罗的时候，海外大投行已经在预测人民币汇率将在2015年10月31日以后选择下行！这一点与我的预期几乎一致，但国内绝大多数人没有反应！很多人都在想，美联储不会在10月加息，12月加息也是悬念，如果大家回忆一下当时的市场氛围，绝对相信美联储12月加息的中国机构寥寥无几！这样的反差，正是做空人民币汇率的最好布局时期。如果我们回顾一下历史情形，人民币汇率在2015年10月是上行的，而这个月，正是国际大机构包括索罗斯等私募基金悄悄买入人民币做筹码的最后一个月！这里，我必须提及索罗斯的"反身性理论（Theory of Reflexivity）"，因为他的做空布局其实就在11月，运用的主要技巧，就是"反身性理论"。期货市场有战术，为了做空，先要做多，期间必须有一个月左右的建仓时间，而10月人民币加入SDR，中国政府维稳，就是天赐的建仓人民币的时机。

索罗斯反身性理论的最重要一句话就是：市场参与者是存在认知缺陷的，而缺陷的认知也造成市场总是错的——不是总是，而是关键点出现错误指示——人民币汇率在10月的反弹恰恰是市场发出的错的信号，不幸的是，这个信号是由中国政府发出！索罗斯说市场是错的，那不是指他，而是指政府。

基于反身性理论，国际炒家并不需要科学地找到人民币汇率的真实价格，而只需要在中国政府护盘成功后完成建仓过程，同时在市场预期仍然看涨的时点突然间逆转。此时，做空人民币汇率的声音突然间加强，不仅是国际市场的媒体，包括中国媒体——比如说，大肆地炒作国际金融巨鳄已经进场做空人民币，这种悲观贬值情绪不断地被加火，橡皮筋理论应验，市场从一个错误（方向）走向另一个错误（方向），从一个极端走向另一个极端，让错误的市场预期去塑造一个做空者需要的价格。

仔细地看一看国际大投行的分析报告，从10月到12月是突然间逆转，以前是说人民币汇率将保持稳定，而且会略微走强，12月初的分析报告则一致看空，越来越空。高盛、大摩、小摩等所有国际投行在12月"集中性"地公布研究报告，纷纷下调2016年人民币汇率目标，下调空间分别为2%—5%，最甚者预测人民币对美元汇率会下调到7.2—7.5%，也就是说，人民币汇率会在2016年贬值超过15%。

同时，这些投行也纷纷着重笔渲染中国经济将硬着陆，他们将2016年中国经济GDP指标下调到6.3—6.2%，有的甚至低至5%，经济的断崖式下跌当然有可能令外汇市场产生巨大猜想：人民币

中国国家金融战略路线图解读

汇率会出现断崖式下跌！

12月初，美联储宣布加息，这是一个重要时点，由于热钱外流，中国央行匆忙应战，国际炒家则顺势打低人民币汇率，他们通过外资交易行在人民币的在岸市场纷纷抛售人民币，同时做空人民币汇率期货。仅仅几天时间，中国外汇储备就大减1080亿美元，造成人民币在岸市场的中间价在12月的几天内就下跌1.5%。而在中国政府一直忽略的离岸人民币汇率市场，更是出现暴跌，离岸、在岸两地人民币汇率差价达到1000点以上。

2016年的第一个交易日，中国央行好像完全没有考虑到国际市场的做空力量，仍然按计划推出人民币汇率夜盘交易，结果当天人民币以开黑盘暴跌，随后4天，人民币汇率中间价下跌2.8%，离岸价更是暴跌。

人民币汇率离岸市场基本是中国央行不参与的市场，但它在索罗斯等人的眼里，却是做空人民币汇率的主战场。离岸市场很小，流动性只有每天几百亿，他们通过保证金方式发力，使用资金也就是几亿美元，由于获利巨大，可以反复加仓，离岸市场与在岸市场的差价不断地扩大，已经显现出疯狂。很长时间以来，离岸人民币汇率市场通常的借款利率在5%左右，他们是获利后，继续借入人民币，通过高杠杆不断地加仓，索罗斯最大使用的杠杆水平已经达到400倍，很显然，他们并不用投入巨额资金，只要用很小部分资金就可以撬动巨大的人民币沽空数量。对冲基金惯常的战术就是以小搏大、小刀锯大树，一旦方向正确，再不断地加仓，也就是说，在预期准确的时候他们基本上没有成本，有指数巨大的盈利！

中国政府可以容忍人民币汇率下行，但当发现离岸市场完全是恶意做空，而且是通过高杠杆做空，带动境内人民币汇率大市场暴跌，忍耐度就到了极限。

根据我的分析，中国央行长期在境内外汇市场忙碌，主要是阻止热钱外流，但子弹消耗太快，引起警觉。如果说，前两个月还认为减持外汇储备正当时，但看到外汇储备下降如此之快，就有一点点慌了——4万亿外汇储备若要像2015年11月—12月那么用，恐怕用不到2016年下半年。于是开始阻止反击，办法很简单，复制2008年阻击索罗斯做空港币时的高招——其实也很简单，以其人之道还治其人之身，你们可以用杠杆，我凭什么不能用杠杆，更何况这是在家门口。

中国央行在2016年初的战术很正确！

先是给假象：让索罗斯之流错误地判断，中国央行只会用老战术，即行政干预，直接干预，硬买，傻大粗。突然间，中国央行宣布进行窗口指导，2015年12月29日，对个别外资银行宣布，暂停其跨境及其参加境内人民币汇率买卖业务，直至2016年3月底。受影响的外资银行分别是渣打、星展和德银——它们都是大量拆借人民币的外资机构。

这是警告，也是切断，因为这几家银行正是国际炒家参与人民币汇率在岸市场的主要通道。如果说，央行和外管局选择在2016年1月4日人民币汇率市场开盘后将大陆银行间外汇市场交易时间从16:30延长至23:30，是败笔的话，这个败笔很快成为最优选择，因为当人民币在岸市场与人民币离岸市场基本同步后，中国央行也可以在晚上、在离岸市场发起反击投机客的战斗！

我在2016年元旦后发表的文章指出：人民币汇率保卫战不能打阵地战、消耗战，要积极了解做空人民币汇率机构的信息，注意它们的资金来源，打游击战，找机会打歼灭战。至1月10日，当香港人民币沽空合约数量已经达到了一千多亿元人民币之巨后，中国央行也悄悄地进场了！

2016年1月11日，中国央行在统一部署后打响了人民币汇率反击战。当日，央行对在香港的中资银行统一窗口指导，要求香港中资银行对人民币离岸市场的拆借采取冷处理，近十倍地抬高利率。此时，绝大多数国际沽空机构在香港的离岸人民币市场已经是无货沽空，即沽空合约，远期交割，机构在沽空的时刻，并不持有也没有协议未来必须持有人民币。这样的无货沽空必须有两个假设前提：一是市场筹码流动性充足，在未来到期交割时，沽空者可以按更低的价格在市场上补回卖空的数量以平仓获利，二是沽空的财务成本可控，可以完全被产品的价差所覆盖，即人民币汇率一直下行。

而中国央行的反击就是针对这两个假设前提，让它们完全逆转！一是掐断资金渠道，二是人民币汇率大幅度上行，这一下对沽空者来说是致命的。香港离岸人民币市场规模也就近2万亿元人民币，按照杠杆率倒推，实际使用资金也就几百亿，而通常情况下，香港的人民币资金池只有3180亿元左右，对沽空盘最高占用资金1千多亿来说，流动性绰绰有余。但当香港的中资银行突然间紧缩，一瞬间，离岸人民币市场就没有了流动性，人民币变得一货难求。

紧接着，到了夜盘时间，也就是2016年1月11日夜盘交易时段，中国央行突然动员国内各大商业银行通过香港的中资银行账户，在离岸市场大手笔买入人民币，不仅即时推高人民币汇价844点，为历史最高单日升幅，同时也抽干了离岸市场仅有的人民币流动性。

人民币汇率的突然大幅转向，杀的空头措手不及，部分空头即时爆仓，其余的空头在人民币突然升水的情况下，为了对冲沽空爆仓的风险，也必须在市场上紧急拆借人民币，以轧平头寸。但此时，市场已没有流动性，外资银行的外汇交易员向中资银行拆借人民币的时候，中资银行统一回复无货可借，迅即抬高人民币的隔夜拆息，从平日的1—5厘，上涨到11日夜晚最高的68.5厘，至12日下午14:39更达到了163厘。中国商业银行乘机大赚一笔。

借不到人民币的空头只能在市场买入高价人民币以平仓，结果以巨大亏损收场。总结两日48小时的激战，人民币离岸市场价格上涨2000点，人民币的离岸汇率已上涨到6.5886水平，缩窄了与在岸人民币汇率6.5750之间的差价。随后，中国央行再度联手国际上主要央行，将离岸人民币汇率稳定在6.6附近，既打赢了阶段性一役，也向国际炒家表明了捍卫人民币汇率的决心以及手段。

这一次战役可以被用来做未来保卫人民币汇率的经典案例，也是对全球投机客的警示。中国央行可以容忍人民币汇率缓慢贬值，但决不容许利用交易制度或曰游戏规则大肆做空——不要忘记，你的对手是中国政府。

他们的枪口正瞄准人民币资产

中国没有外汇市场,中国企业不能做空,但华尔街已经在大举做空中国!全球市场已经联动,虚拟金融市场与实体经济紧密相连,华尔街做空中国,包括做空中国股市以及人民币汇率,为什么?他们的险恶目的是企图通过做空股市,做空人民币来"廉价收购"中国实体经济中的人民币资产。

人民币汇率与人民币资产价值肯定是高度关联的,但这种关联未必有清晰连贯的线性关系,也就是说:人民币汇率贬值未必等于人民币资产(尤其是实体经济)也贬值,人民币汇率升值也未必等于人民币资产也升值,因此很多人未必注意到这种关联性,以为虚拟金融市场以及汇率暴跌,与实体经济中的人民币资产无关。最典型的就是中国曾经经历的大熊市,2008年—2013年中国经济高速发展,人民币汇率一路升值,但中国股市(中国的资产池)却连续很多年下跌,排名全球倒数第一。但这一次,不一样了!

我们仔细地分析历史曲线,为什么人民币汇率与人民币资产(池)有时候有着非线性关系,有些时候却呈现出极强的线性关系?在过去很长时间里,人民币汇率升值,人民币资产池中的资产并非都升值，比如股市与房地产就有很强烈的跷跷板关系，即房地产价格连续上行，拥有房产的人资产升值，而持有股票的人却不得不忍受资产贬值——因为中国股市曾经连续三年排名全球老幺。2015—2016年，人民币汇率开始悄悄地贬值了，股市一度走牛，但却接连发生了两次股灾，将稍微升值一点的股市人民币资产又打入谷底。但多少人注意到：股市背后的企业资产也在悄悄地贬值。

我一直强调："股汇双杀"局面出现是反常的，是与经济规律相悖的，不仅与中国中长期曲线相悖，也与全球市场规律相悖。但其虽然"反常"，却是重要的提醒，它告诉我们：当"市场整体扭曲"时，可能要出大问题了——尤其是实体经济。中国不同于欧美，西方国家政府绝大多数没有拥有巨大的外汇资产，其资产池中几乎很少有货币资产，黄金有一点点，也很少。因此，它们的汇率变化相对于企业总资产的变化没有那么敏感。

因此，当我们看到以"外币计价"的人民币资产存在巨大贬值压力的时候，千万不要以欧美为例，认为西方国家的规律是：汇率下行，股市上行；货币走弱，企业资产升值。我们要多看一下那些拥有相对巨大外汇储备的国家，比如说沙特、委内瑞拉，看他们的汇率与资产，尤其是股市、房市，是啥关系。还可以类比一下新兴市场经济国家，看他们在汇率急跌时股市是不是也暴跌。

关于货币汇率与资产市场的关系，很复杂，至今没有经济学家能够通过数学模型解释它，我认为，可能永远也不会有数学模型能够解读，更不会有模型实现预测。而凡是数学解决不了的，都是靠经验、靠理论预判，靠机制防范。具体说，中国如何防范

"股汇双杀",如何通过宏观调控把握这个错综复杂的非线性关系?这一点,我们要学习美联储,虽然美联储也没有说美国已经基本能够防范"股汇双杀"局面出现,但它的货币政策时时刻刻在防范"股汇双杀",防范股市暴跌影响到企业包括国家的资产负债表。

怎么做?首先是防范泡沫,第二是通过鼓励创新去挤压泡沫、调整泡沫(实际是通过创新经济去覆盖传统经济的泡沫)。要尊重资产市场,尤其是股市。货币政策必须透明,要公布提前量——重大变动必须提前告诉市场,同时必须关注与汇率直接相关的所有资产市场的波动情况,做预期调整,不能让汇率波动引发资产市场的不稳定,引爆"股汇双杀",导致实体经济大震荡。

在中国,向美联储学习可能非常重要,尤其是在人民币国际化的起步阶段。2016年初,中国股市、汇市出现"股汇双杀"局面,这种情况在全球市场,尤其是发达国家市场是很难见到的,除非遭遇重大金融危机。而真的发生这种情况,救市政策也会很快出台,从中长期看,西方国家的股市与汇率波动曲线大致是平稳的。

当中国第一次股灾发生的时候(2015年6月—8月),我第一感觉是怀疑:这其中有阴谋;第二次股灾发生的时候,我反而冷静了,这不是简单的阴谋论能够解释的,做空人民币汇率,做空中国股市的背后的确有黑手,但不仅仅是黑手。中国经济体制的确有问题,苍蝇不叮无缝的蛋呀。而当第三次股灾发生之后,我想明白了:难道中国股市资产都是与产能严重过剩,与去库存相关的资产吗?难道股市中的企业都是僵尸企业吗?显然不是,那为什么股价都是下跌呢?

中国股市本该是中国经济最最优良的资产组合或曰栖息地，中国经济也指望这一大块优良资产能够源源不断地为国民经济出大力，创造超额剩余价值。虽然其中有僵尸企业，但应该是极少数。但真的是这样吗？市场的怀疑是对的，股市中的确有不少僵尸企业，这可能是连续三次重大股灾爆发的内因。

即使中国股市有严重问题，僵尸企业的确存在，但好企业应该是大多数。所有股票都暴跌，泥沙俱下，尤其是将中国股市资产打压到全球股市资产的平均值以下很多时，立即引起我的警惕：2016年初，人民币汇率开始有了夜盘，外资可以介入，此时，境内外势力通过做空人民币汇率，进而引发第二次、第三次股灾，他们很可能是想通过打压中国上市公司定价机制来压低整个人民币资产（池）的价值（价格），他们不但想廉价收购股市资产，很可能将枪口瞄准了所有人民币资产。中国股市虽然有各种各样的潜在利空，虽然股市价格波动率很大，跌一点点能够容忍，但恶意收购的企图却不能容忍，要提前防范。

股灾导致的局面是：中国以人民币定价的最大一块，也是最好的一块资产——上市公司——的价值将变得极其低廉，价格极其便宜！便宜到什么程度？中国很可能被恶意收购！尤其是在人民币国际化的大背景下——你以为西方国家会那么轻易地就"全票"通过人民币入篮，他们很可能想着怎么用他们不断升值的钱收购中国不断贬值的人民币资产。很多人可能仅仅看到人民币贬值对出口有那么一点点好处，却忘了，如果人民币汇率大幅度贬值，外币集体升值，购买力强弱分明，未来不是中国人拿人民币去买外国的资产，而是外国人拿着升值的货币换人民币，买廉价的中国资产。注意：不是买中国的产品，而是买能够生产这些产品的资产——实体经济。

我大致测算了一下：在中国股市还有3000点的时候，所有上市公司的总市值约为6万亿美元左右，如果按照国际市场规则，当股权比例达到30%的时候，可以实现控股，也就是说，外资只要拿出1.8万亿美元就可以实现对中国最好的一块资产，上市公司的控股权，进而能够控制中国国民经济命脉的方方面面。我们常常说外资要来抄底，就是廉价收购人民币资产！所以股市的急跌、暴跌，很可能是有阴谋的。

可以预期，中国第二轮改革开放在即，在这个大背景下，人民币要走向世界，外资也会更容易地进入中国，那时候，人民币是不是还值钱，外币会不会更加值钱？汇率不仅是国际市场劳动力价值相互比较交换的媒介，也是各国实体经济资产定价的基石。很多经济学家只看到人民币汇率贬值对中国经济好的一面，却无视外资很可能到中国"抄底"，一下子把中国的"干货"全部捞走的危险。试想一下，如果股市再暴跌下去，人民币资产将非常便宜，那时候，是便宜了中国人，还是外国人？肉是仅仅烂在自家锅里吗？当股市再度暴跌的时候，恐怕绝大多数中国投资者已经被吓坏了，而在中国股民和中国投资者都被吓坏了的时候，做了充足准备的外资却悄悄潜入了，他们已经瞄准了最优秀的中国上市公司，不仅是做空，而是时刻准备买入，逢低买入，一举控制中国经济命脉！

我不敢想象，在我写本书时中国股市已经又一次跌到2630点，再向下，就是2500点，甚至2000点。试想一下如果股市跌到2500点，外资控制整个上市公司需要花多少钱，大约只需1.5万亿美金，如果跌到2000点呢，只需要1.2万亿美金了，如果美元大幅度升值，他们的花费更少。也就是说，未来中国经济最好的那一块人民币资产（整个上市公司）只相当于一个美国苹果公司加一个谷歌公司的市值了，美国几家私募基金集合起来就可以控制所有中国的上市公司，做全中国的老板了！都说中国已经是全球经济巨人，排名全球第二，但它的股市价值却只相当于美国两三家大公司的市值，真是笑话。

人民币汇率就是这样与人民币资产联系到一起，股市就是这样给中国最好的人民币资产定价的！可怕吗？我们现在能够理解人民币汇率为什么暴跌了吧？

坏的资产不说了，比如高铁煤炭，它们产能过剩，可以再跌，但与中国最好的资产相关联的好企业，能够跟着一起跌吗？比如与机器人相关联的，中国数控机床产业的龙头股沈阳机床，它拥有中国最先进的设备和技术力量，目前价格虽然在14元左右，其总市值仅仅值几亿美金，外资拿出2亿，就能控制它。能够想象这样好的上市公司只要2亿美元就能易手了？太可怕了！还有大连港，那么优质的港口资源，大量的机器设备，已经建设了上百年，目前其股票价格只有3.6元了，背后的企业总资产也跟着贬值，现在是多少？44亿，流通股30亿，有10亿人民币，就拿走了！如果人民币汇率再跌，股市再跌，可能更便宜。你信吗？这就是"股汇双杀"的结局！

游戏规则变了，人民币汇率要自由浮动了，中国的外汇市场要来去自由了。我预期，未来的外国资本将再度蜂拥而入，瞄准的第一目标肯定不是楼市，更不会是货币市场，而是资产市场，是股市中的优质资产。鉴于此，人民币保卫战其实是人民币（优质）资产保卫战，股市保卫战为什么必须打响，关键点在这。

中国国家金融战略路线图解读 **153**

人民币贬值，物价会不会下降

人民币汇率不仅不等于人民币资产，而且也不等于物价，准确地说，（被"高度管控"的）人民币汇率与中国内地物价指数没有正相关关系。过去八年，人民币汇率一路升值，但中国老百姓实际感受的物价指数却一路贬值，这也是我一直强调的：人民币汇率升值与中国劳动者的实际收入以及物价水平关系不大，甚至经常出现负相关关系，而且连续多少年（看下图：中国物价指数与人民币汇率的负相关关系）。现在，人民币汇率贬值了，中国的总体物价水平会不会降低呢？

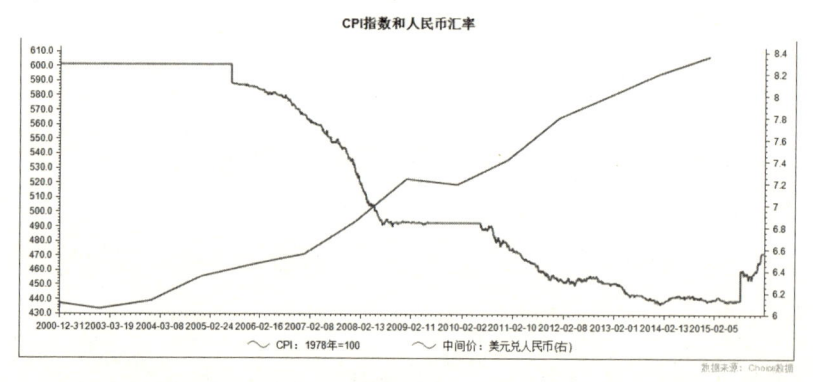

首先要回答，为什么人民币过去八年升值很多，但中国物价水平每年的平均涨幅却高于西方主要国家呢？这是一个理论

问题，但却是几乎所有经济学家都刻意回避的问题。其实它很简单。首先，在通常情况下，汇率贬值与升值，与GDP有负相关关系，即汇率升值过快，经济下滑压力增加，相反，货币政策有意地压低汇率，可以给宏观经济以复苏的动力，比如西方国家普遍实行QE政策后，汇率竞相贬值，对经济有一定刺激作用（也存在很大争议），复苏迹象明显，尤其是美国。但这样的经济学现象能不能照搬到中国呢？中国有的经济学家测算，人民币汇率贬值10%，能够促使中国GDP回升1%。我认为，这种算法也要看阶段，分阶段，此一时彼一时，不是周期性现象，没有绝对的线性关系。为什么？可以反问：过去八年，人民币汇率一直升值，为什么GDP却长期保持高速增长，而过去两年，人民币汇率一直在调整，宏观经济下行趋势却越加明显呢？首先，汇率与GDP的线性关系很可能要看几年，不会"立竿见影"，同时要想到，物价与宏观经济运行趋势有着非常清晰的线性关系，即经济下行，物价总水平是通缩的，经济复苏后，物价总水平也开始温和复苏，经济加速，通货膨胀也会相伴随。因此，物价与GDP的线性关系是"绝对"的，与汇率在绝大多数情况下也是相关联的。按照这个推论，中国目前是处于通缩环境中。

按照经济学理论，在中国经济保持高速上行阶段，人民币汇率上行压力很大，中国央行不得不通过不断地买入外国货币以及资产来压制人民币汇率升值，此时，中国央行将不得不释放大量"空头"人民币——通过外汇占款科目引导货币发行，货币相对超发，对物价有推升作用，是通货膨胀的根源。过去多年，由于物价上涨压力大得很，只能连续加息，紧缩货币，导致实体经济贷款难，房地产行业贷款更难，因此中国的市场利率（影子银行）很高，高利贷盛行，导致热钱流入，经常账盈余发虚，物价压力反而越来越大。这一点，中国与欧美国家是完全不同的，不能简单地拿欧美国家货币汇率与GDP的关系，包括汇率与物价的关系直接解释中国！

对人民币汇率与物价的线性关系必须实事求是地分析，比如，当人民币汇率进入贬值周期以后——大约需要两三年，未来中国内地的物价总水平会不会逐步降低，或者缓慢提升呢？我认为，起码在初期阶段，尤其是在人民币汇率急跌、暴跌阶段，物价指数不可能大幅度降低！人民币汇率处于下行通道，是通货紧缩的结果，而不是起因，虽然汇率贬值直接压低的是境外人民币资产价格，但其作用力会传导到境内，在初期阶段将压低整个资产价格，间接影响人民币的绝对购买力。这是物价上涨的基础动力。

同时，为了稳定人心，大面积涨工资是肯定的，即使是在经济下行阶段，在财政亏空的时候，也要涨工资。当然，在宏观经济没有根本好转的情况下，涨工资就是发货币的代名词，工资增加了，物价也会上涨。我认为，短期内不仅我们看不到物价大幅度回落，相反，要警惕物价大涨！

为什么？货币发行很难控制在"合理"水平，保增长需要发货币，保卫人民币汇率又要消耗境外人民币资产，股市下跌导致流动性逆转，社会上"浮币"（货币从股市以及房市流出）多了，物价上行压力大。当然，由于热钱退潮，大宗商品市场暴跌，输入型通胀压力会减轻，两相抵消，"抗通胀"不会成为未来两年宏观调控的主要任务——要看油价会不会大幅度反弹。

如果政策得当，我们有可能在较低的物价水平下实现经济缓慢复苏，这要看如何把控流动性趋向以及总量，要注意股市与房地产市场的"蓄水池"作用，不能有意识地刺破泡沫，要尽量避免流动性直接冲击商品市场，保持物价稳定。

汇率急调下的股市如何变化？

如果说，人民币适度贬值是国家战略，是供给侧改革的一部分，股市会不会上涨呢？

现在人民币汇率贬值了，股市是该涨还是暴跌呢？实证告诉我，是暴跌！但这是不符合经济规律的。

中国股市连续暴跌，不到半年发生两次股灾，主要原因是政策失误，包括注册制预期不清晰，熔断机制被野蛮推出，同时有意识地加速货币贬值，导致宏观经济信号混乱，预期走坏。由于担心会不断出现"股汇双杀"，出现"千股跌停板"，因此有很多人建议：人民币汇率应该一次性贬值，一次性贬值到位。但他们可能也错了。谁能告诉我，人民币汇率的真实底部在哪里？谁能告诉高层，人民币贬值到多少就会刚刚好呢？索罗斯说，没有人能够看准汇率。索罗斯评价，伟大的凯恩斯在许多情况下对货币走向的趋势性判断是正确的，但是交易的时点是他的痛点。对他而言，抓住对的时机是最困难的事，他一辈子也没有做到过。而我的经验是：主观控制汇率，很可能适得其反，如果让市场猜出政策意图，那会是灾难！"股汇双杀"是怎么来的，很大程度就是高层战略意图被市场猜透！更何况，一次性贬值，大幅度贬值,很可能让绝大多数企业无法承受,股市暴跌,也会使上市公司资产严重缩水。这个后果可能是难以预料的。

我仍然认为,人民币汇率要微调,要出其不意地微调。如果政府能够扮演经济舵手角色,透过财政与货币政策来对抗经济衰退与经济萧条,巧妙地控制人民币汇率贬值速度和幅度,在财政货币政策宽松预期推动下的渐进贬值,有利于股市走牛,这也是我们期待的所谓"政策市"。问题是:这一轮人民币汇率贬值是由政策所推动的吗?起码至今看不到——因为没有看到降准、降息——偷偷摸摸、羞羞答答地降准,信号为中性。

还是要学习美联储。虽然中国很多经济学家对美联储的货币政策嗤之以鼻,尤其是美联储居然提前近两年宣布"下一个政策动作"是加息,而后迟迟未动,好像是忽悠市场。其实,这恰恰是高招。我注意到,不仅在美联储实施QE以及在QE政策后,美元适度贬值,美国股市大涨,就是在美元升值以及美联储释放出加息信号以后,美国股市仍然在持续上涨!这是为什么?尊重市场,尤其是尊重美元资产市场。

同样道理,在欧洲央行实施QE政策后欧元贬值,欧洲股市也大涨。日本实施"安倍经济学",日元贬值,日本股市也大涨。不仅是尊重市场,更是尊重股市中的财富。通过货币政策提振经济,要适度,要顾忌已经转为储备的社会财富,但不能伤及无辜,更不能全面伤及资产市场。如果GDP增加了,资产市场却大幅度贬值,在资产负债表上的财富总量最多也是平衡,而且很可能是负值。货币政策的最大目标不是GDP,而是财富,要促进财富总量的增长,股市是财富栖息地,房地产市场也是财富栖息地,上市公司更是国家的财富。

经济学理论告诉我们，在人民币汇率下行周期，在经济下行周期，宏观经济环境整体会趋向宽松。中国经济将在未来两年维持低速运转，央行的货币政策也将维持宽松预期，一两年内不可能紧缩，在2016年应该有两次降息、四次降准。在这个周期中，中国股市没有理由连续暴跌，尤其是在2850上方！我在2016年初发表的一系列文章中都指出：负责任的经济学家必须站在做空中国股市的对立面，要正大光明、义正词严地告诉股市投资者，人民币适度贬值、中长期贬值，有利于中国股市上行。

问题是，本书讨论的不仅仅是股市短线怎么做，而要做中长线分析。人民币汇率与中国股市是怎样的线性关系呢？我可以告诉大家：只有百分之五十左右的正相关关系（看下图：中国股市与人民币汇率的线性关系），还有百分之五十左右是负相关关系，也就是说，未来是震荡市，很可能会宽幅震荡。

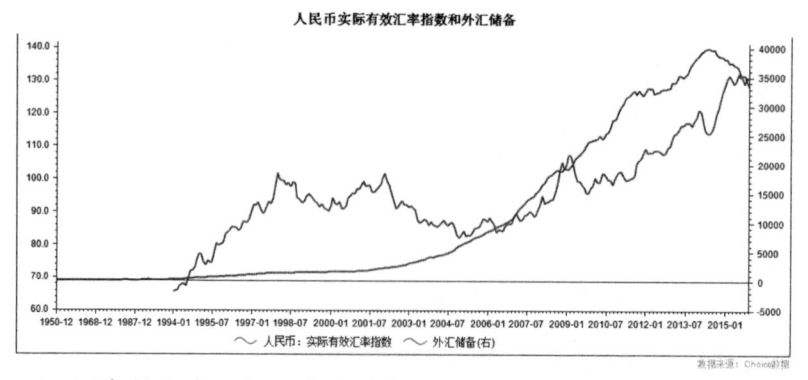

人民币实际有效汇率指数和外汇储备

汇率是股市区间运行的指标之一，但要看股市运行在啥区间，要看绝大多数股票是不是便宜。简单地将股市与汇率划等号，按照汇率波动买卖股票，那股市就太好做了。未来两年，中国股市还是暴涨暴跌型。中国政府不会允许经济增速下滑过快，经济放缓速度"太过剧烈"，今年将保持"适度支持"的财政和货币政策。但国家会减少对市场的干预，让市场更为自由地波动。全球市场应该习惯中国市场的高波动率，未来市场将更为自由地波动。至于股市与宏观经济的关系，有些经济学家比较悲观，他们预计中国当前的经济转型还将持续3—5年时间。也就是说，未来3—5年时间股市很难见到5000点以上。他们的预计对不对呢？肯定不对，我下面会分析。

人民币汇率下行对大宗商品是双刃剑

在人民币汇率暴跌以后,全球金融市场动荡加剧,港币也波动,油价进一步探底,中央电视台有专家预测,未来油价很可能跌至15美元一桶,根据就是人民币汇率还要下跌。好像什么都与人民币汇率相关,其实未必!人民币汇率下行的确是由中国经济下行引发,去库存也会导致油价下行,但大宗商品市场未必与人民币汇率有清晰明确的正线性关系!还是那句话:如果市场有清晰简单的线性关系可寻,那赚钱就太容易了!从历史上观察,当人民币汇率连续升值的年景,大宗商品市场都是火暴的,正线性关系明确。以前好多年,人民币汇率越是升值,中国的国际购买力越强,中国企业买入大宗商品的心理动力越强。经过很多年疯狂的买入,中国境内大宗商品已经堆积如山,所有的油库已经满满。此时,人民币汇率下行,所有企业幡然悔悟,从越跌越买,变成集体不买,大宗商品出现急跌、暴跌、跌无止境。最典型的表现就是人民币汇率与原油的逆线性关系!

中国不是不缺原油,否则习近平主席就不会在2016年初即访问中东,问题是短线已经没有地方储备原油!海关数据显示,中国2015年全年原油进口量达到3.355亿吨,创出历史新高,同比上涨8.8%，而进口花费却只有8332.8亿元，同比下降40.5%。2015年我国原油进口单价为每吨2483.7元，同比下降45.3%。由此可以推导出每吨节省金额为2057元，再乘以进口总量，可算出比按2014年价格计算，2015年总计节省了6901亿元。另一大项铁矿石进口也同样节省了不少资金。2015年全年进口粉矿平均价格为54.73美元/吨，比2014年下降41.25美元/吨，降幅为42.98%。去年中国铁矿石进口量增长2.2%至9.53亿吨。由此可以计算2015年进口铁矿石比2014年节省393亿美元，折合2594亿元人民币。

很显然，大宗商品市场价格下行对中国是好事。但从中长期看，人民币汇率贬值对大宗商品市场应该是双刃剑，即经过连续贬值的人民币汇率若最终起到促使中国经济回升的目的后，全球大宗商品市场将低位企稳，但这个"企稳"反弹的趋势需要真正看到中国经济企稳，在宏观经济数据没有显现出这一迹象时，大宗商品市场不会反弹很多。而我预计，这个信号可能要等待2018年才能清晰发出；另一方面则必须看到，人民币汇率若大幅度贬值，国际购买力会下降，即使中国经济出现企稳信号，大宗商品市场的反弹也不会很强，因此预计，未来两三年，国际大宗商品市场包括原油，都会在相对低位运行，具体分析，原油会在40美元一桶左右，铁矿石更是难以突破70美元一吨（精铁粉）。综合测算，人民币汇率适度贬值不会导致大宗商品市场暴涨，这可能给中国经济一个相对宽松的复苏环境。

为什么说当前仍然是中国经济重要的战略机遇期，其中就包括输入性通胀压力减轻。中国有14亿人口，对能源品以及大宗商品的需求永远是刚性的，国际金融市场巨鳄长期以来都想遏制住中国经济的这一软肋。而新能源的崛起，首先使能源巨鳄放下身段；新材料的崛起，也会使大宗商品市场巨头放下身段。以前难以想象，14亿中国人可以像欧美人那样消耗能源，现在有可能了。如果两三年内，大宗商品市场维持低调，能源市场维持低位运行，中国经济复苏预期会提前出现。

但中国也不需要太低的能源价格，包括大宗商品。为什么？首先，中国的进口，绝大多数都与出口相关联。进口价格很低，出口商品也很难提价，尤其是在人民币汇率贬值预期下，汇率变化如何影响大宗商品市场，尤其是中国的油价（零售价），油价又如何影响中国宏观经济运行，这个问题很大，值得深入研究。按照一般的经济学规律，油价下跌，利好中国，利好人民币，因为中国已经是全球最大的原油进口国。但从实际调查中发现，当人民币汇率急跌暴跌时，国际市场原油价格也急跌，不断地探底，目前已经跌破28美金大关。于是，一个尴尬的逻辑关系显露：油价下跌，尽然会打压中国的宏观经济复苏！

我在2015年曾经发表文章，题目是：不要再计较中国实际的GDP是多少了——有人说是7%，但更多的人说，可能只有4%——中国经济下行的主要矛盾并不是GDP，而是企业利润，是国家财政收入，若绝大多数企业亏损，国家财政收入大幅度下降，即使GDP是10%，也没有用。而中国财政收入的大头，来自三桶油，来自商业银行。

2015年，中国最大的上市公司"三桶油"以及商业银行，利润率是大幅度下滑的，如果不是国家保护，"三桶油"很可能严重亏损。目前，"三桶油"在海外原油的开采成本大约是40美元一桶，在国内可能更高——页岩气平均70美元一吨。当国际油价低于这个价格之后,"三桶油"将陷入亏损,很多油井会停产。当"三桶油"的现金流耗尽之后,就会丧失原油的进口和开采能力,因此,国家只能硬性规定:低于四十美元一桶时,国内油价不调整。实际上,油价即使维持现在的"高价"(四十美元一桶),"三桶油"也已经不赚钱了!"三桶油"不赚钱,国家财政收入就少了一大截。"三桶油"目前还没有听说已经陷入"产能过剩"困境,因为它们可以关闭油井,但其他国有企业大都产能过剩,比如钢铁、冶炼、水泥、焦炭,这些企业每年向国家贡献的财政收入,大约占中央财政收入的三分之一强,如果它们都出现问题,出现经营难以为继的现象,商业银行将被拖垮,也意味着中央财政将爆发严重的问题。

"三桶油"重要吗?不是重要,而是非常重要,对于中国经济运行来说,简直是不容有失。目前,国家已经明确拒绝成品油价格按既定方式随国际油价而调整,美其名曰是环保,网上骂声一片,但我们必须想到,如果国内成品油价格太低,"三桶油"将严重亏损且现金流逐渐枯竭,它们将丧失对国家原油供给的保证能力,最终的结果很可能导致国际油价暴涨。因此,国家只能"两害相权取其轻",给予"三桶油"以财政补贴,以价格关照,维持其低效运转。"三桶油"的现状告诉我们,国家已经没有钱了,财政赤字还要扩大,这也是人民币汇率连续暴跌的根源所在。因此,油价持续下跌不仅是双刃剑,很可能是极大的利空——继续扩大对"三桶油"的补贴,财政赤字会继续加大,汇率问题会继续恶化。

大宗商品市场太贵,当然不利于中国,但太便宜,同样不利于中国。尤其是，当国际市场价格已经很低时，我们企业使用的能源品以及大宗商品，是不是也很便宜呢？从能源角度看，肯定是相反的，因为我们绝大多数企业很难享受到能源品价格暴跌的好处，包括大宗商品！因为我们的企业还在去库存（吃库存），他们实际消耗的大宗商品是以前高价买入的（库存）。能源品，恐怕很多是上百美元买入的——跟俄罗斯的合同价。不要去看俄罗斯的笑话，应该被笑话的是我们自己！中国企业的能源成本要占到社会商品总成本的一半左右，大宗商品更是全球最大的买家，我们可以不调整成品油价格（也包括不同步调整电力价格），少买大宗商品，但澳大利亚等国就在与中国赌博，就是不按照市场供需调整大宗商品价格（主要是铁矿石）——即使没有人买，他也不大幅度降价。结果是，绝大多数国家都在使用比中国低廉的能源品，包括大宗商品，中国企业如何在国际市场上与他们竞争！

怎么办？一定要深化改革，让三桶油变成几万桶油，让所有企业公平竞争，让油价包括大宗商品价格能够真实反映全球企业的平均成本，反映供需趋势。

创新经济引领未来
——人民币战略与供给侧改革

第五章

汇率理论与供给侧理论

2015年经济学领域的关键词是供给侧改革理论。2016年宏观经济学领域的关键词很可能是汇率理论。如果汇率基本不动,没有人会关心汇率,如果汇率要"动起来",尤其是"较大幅度地浮动起来",所有企业包括投资者,甚至老百姓都会关心汇率。很遗憾,截止到目前,中国还没有权威的汇率理论!比如说,汇率的本质是什么?汇率与人民币战略的关系?汇率与货币政策、财政政策的关系?汇率对进出口企业的不同影响?汇率与资本账户开放的关系?汇率与外汇市场的关系?

2015年,宏观经济学领域有两件大事,一是习近平主席专门组织中央政治局委员学习了一次马克思主义政治经济学的基本原理和方法论;二是习近平主席推荐并且强调要以供给侧理论为指导,做好新时期的宏观调控工作。习近平强调,党的十一届三中全会以来,我们党把马克思主义政治经济学基本原理同改革开放新的实践结合起来,不断丰富和发展马克思主义政治经济学,形成了当代中国马克思主义政治经济学的许多重要理论成果。比如,关于社会主义本质的理论;关于社会主义初级阶段基本经济制度的理论;关于树立和落实创新、协调、绿色、开放、共享的发展理念的理论；关于发展社会主义市场经济、使市场在资源配置中起决定性作用和更好发挥政府作用的理论；关于我国经济发展进入新常态的理论；关于推动新型工业化、信息化、城镇化、农业现代化相互协调的理论；关于用好国际国内两个市场、两种资源的理论；关于促进社会公平、正义，逐步实现全体人民共同富裕的理论，等等。这些理论成果，是适应当代中国国情和时代特点的政治经济学，不仅有力指导了我国经济发展实践，而且开拓了马克思主义政治经济学新境界。

习近平主席指出，实践是理论的源泉，我国经济发展进程波澜壮阔，成就举世瞩目，蕴藏着理论创造的巨大动力、活力、潜力，要深入研究世界经济和我国经济面临的新情况新问题，为马克思主义政治经济学创新发展贡献中国智慧。

引述了好几段，其实最关键的就是两句话：要发展马克思主义政治经济学，要为人类经济学包括为马克思主义政治经济学创新发展贡献中国智慧。这也是习近平经济学思想的核心！传统经济学理论必须重新写过，而且不仅是马克思主义政治经济学，包括马克思没有讲过的，比如供给侧理论。即使是西方经济学，也要重写！

习近平主席说了那么多，"供给侧理论"一词也几乎人人知晓，但都没有谈汇率！没有谈人民币战略！我多次强调：最高领导人没有谈的，很可能是最核心的理论，属于国家级最高战略，不能谈。当然，没有谈的，也可能是还不成熟的，仍然存在争论，需要大力研究创新的理论。

很多时候，实践是走在理论前面的，但作为经济学家，必须在实践之前做理论研究，我在2005年提出，在2010年完善的"货币异化理论"就是在汇率"动起来"之前所做的理论准备。而到2016年，人民币汇率不仅要"动起来"，而且要"较大幅度地浮动起来"，所有人都在关心汇率，宏观经济调控的重中之重也是汇率，指导理论在哪？

回过头来看供给侧改革理论。供给侧改革，包括理论与实施两个方面。它的实施，就是坚决地去库存、去产能、去僵尸企业，增加有效供给。还有几个是不能说的，就是调整人民币汇率，加快开放资本账户，直至建立与国际市场接轨的外汇市场。不能说的，都与人民币战略相关。供给侧改革当然需要理论指导，但我在前面的章节已经说了，供给侧理论（体系）来自美国，我们仅仅是借用，是借题发挥，明修栈道暗渡陈仓。为什么要明修栈道暗渡陈仓？因为在市场化改革中，尤其是人民币战略实施过程中，很多事是只能做，不能说的。比如，增加有效供给与开放资本市场的关系，创新市场能不能增加有效供给？人民币汇率市场化是中国的历史机遇，还是引发重大危机的最后一根稻草？

凡是不能说的，都是最怕干扰的。为什么怕干扰？因为搞不好真可能引发危机。供给侧改革理论既是处理危机的理论，也是很可能引爆危机的理论，这一点，与人民币战略实施计划类似！

我一直强调，没有理论，是危机的产物，也是危机的源泉。这一点，在人民币汇率问题上表现尤其清晰。人民币战略绝不是调整一下汇率那么简单。

汇率是什么？首先要回答：货币是什么？于是回到马克思主义政治经济学——货币是价值尺度。准确地说是：在货币流通范围内，不同（性质的）劳动被抽象为劳动力价值以后的计量尺度。这是马克思主义政治经济学的最大理论贡献。那么，超出一国货币的流通范围呢？劳动力价值如何比较？马克思没有说，因为他的时代没有大规模的国际贸易，也没有"汇率"这个东西，所以说，马克思主义政治经济学需要创新。我在《货币异化与产权革命》一书中指出：汇率是不同货币流通范围内产生的劳动力价值在相互比较中使用的价值尺度，简述：汇率是国际间不同国家劳动力价值相互比较、进行价值交换的计量尺度。这种表述完全沿用了马克思主义政治经济学的逻辑——从劳动，到劳动力价值，再到劳动力价值的交换比较——但却赋予了新经济时代的内涵。既然是不同国家劳动力价值的相互比较，那么就必须有共同的市场环境，经济全球化由此而来。

从世界范围讲，货币不仅在实体经济中流通，同时大量流动在虚拟金融市场，货币汇率不仅要计量比较今天的劳动力价值，还要跨越时间，进行代际间的交换比较——马克思也没有说。市场是价值实现的场所，使用价值决定（劳动）价值，虚拟金融市场能不能实现价值？起码能发现价值，储备价值，进行代际交换。货币理论不能脱离虚拟金融市场，汇率理论更是如此。于是，跨越时空进行劳动力价值交换的理论产生了，它就是从经济全球化到虚拟金融市场全球化这一历史新时期的新的"汇率理论"。

任何不尊重虚拟金融市场的理论都是背离马克思主义政治经济学的伪理论！中国之所以在虚拟金融市场领域连续出现危机，之所以在汇率问题上操作被动，就是因为缺乏正确的理论指导。

2015年至2016年初，中国出现了很多怪事情，几乎所有的怪事情都与严重的族群分裂，与思想界、学术界争吵不休相关！比如关于宏观调控与汇率的关系，关于政府要不要干预市场——要不要救市，关于要不要放松银根，如何适度宽松、定向宽松，关于人民币市场化与资本市场的进一步开放，等等。

　　供给侧改革理论的出现，就是为了避免各吹各号。但这个理论需要细化，需要与最关键的"汇率理论"相衔接。为什么？供给侧理论不能谈汇率，但汇率却是2016年全中国、全世界都关注的最热经济学名词，也是市场变化最大的一部分。

理论核心在于防止人民币资产大幅贬值

　　什么是经济危机？什么是金融危机？简单地说，就是国家、企业、居民储备财富的灰飞烟灭，包括创造财富的机制、体制都可能要"凤凰涅槃"，以货币价值计量，很多资产要大幅度贬值。

　　实际上，我们在2015年至2016年初看到的"股汇双杀"就是人民币资产的大幅度贬值！有人说，没有供给侧改革理论（要"三去"），很可能不会看到"股汇双杀"。那是本末倒置，"股汇双杀"是多年积累问题的集中反映。供给侧改革理论的出台，正是为了有序地解决多年积累的问题，有序释放风险，避免操作过程中的失误。

　　比如说，房地产行业去库存，肯定将在一段时间内降低房地产市场的投资率，但不去库存，长期拖着，很可能最后要炸掉许多房子——因为的确有很多房子会被淘汰，永远没有人买；比如说去僵尸企业，很多企业已经落后于时代，产能严重过剩，但长期死而不僵，僵而不死，还要天天给它们输血，导致全行业都是低效率，甚至整体亏损！供给侧改革就是要坚决关停并转僵尸企业，让产能与需求相对应，市场价格有所回升，企业恢复造血功能；比如人民币汇率向下调整，中国经济整体下行，汇率与竞争力不相符，必须调整才能恢复宏观经济的活力。

这其中有很强的辩证关系，怎么推进供给侧改革！房子不可能炸很多，企业不可能关很多，人民币汇率向下调整，也有幅度限制。这就是供给侧改革理论的核心：既要"三去"，也要"三扶"（扶持房地产行业健康发展，扶持市场价格回升，扶持企业恢复盈利！）人民币汇率要向下调整，但最终目的是要恢复上行，要坚挺，要成为硬通货！理论很重要，操作更重要。

面对极其复杂的国内外经济形势，面对纷繁多变的经济现象，理论需要有极强的可操作性，需要本地化、时代化。

供给侧理论其实不是什么新理论，但它拿到中国，就是创新，拿到现在着重提出，就是极大的创新！而且还要给它贴上"为马克思主义政治经济学创新发展贡献中国智慧"的标签。

很多经济学家在研究供给侧改革理论与需求侧治理理论的分歧，好像它们俩水火不相容，好像有轻有重。中国的供给侧改革理论的实质就是调整供给侧与需求侧的不平衡关系，这种调整，既有供给侧供大于求的一面，更有供给侧缺乏创新的一面，所谓"卸包袱"，就是坚决关停并转已经落后于时代的产能，包括企业！要让中国经济轻装前进，进而为改变中国铺路，这是关键点。怎么卸包袱？去产能，去库存，去僵尸企业，包括人民币汇率贬值，重在"度"的把握——没有理论能够说明。

供给侧结构性改革理论，其实是为了保卫人民币资产，包括老百姓已经转为积累的人民币资产。强制征收房产税，按照高限征收房产税，只会使房地产市场出现极大震荡。房地产价格急剧下跌，甚至"归零"，老百姓的血汗钱一瞬间灰飞烟灭，这不是"借题发挥"，而是毁灭中国！

供给侧改革理论发出的主要信号是"转变",啥都要变,经济体制要变,包括宏观经济指导思想都要改变。必须承认,供给侧改革理论的提出,有源于对当前过度强调振兴实体经济,过度强调刺激消费的现状不满——包括像阿里巴巴那样的超低价消费,已经破坏实体经济赖以生存的市场法则;也包括对一味地依赖投资、依赖货币政策环境超宽松的习惯思维。但,绝不要以为所谓"绝不轻易重复当年四万亿的错误"就是绝不轻易地降准、降息。那也是绝对。

从国际经济学发展演绎的历史潮流角度思考,单纯依靠供给端或曰单靠供给侧经济学理论实施宏观调控并不成功——宏观调控理论天然属于需求侧理论。回顾历史,1970年代,美国历经凯恩斯主义的"刺激消费",以刺激经济末端为主,结果是导致通货膨胀和经济停滞这两个本来水火不容的经济现象同时出现,于是产生供给侧理论——这一点与今天的中国完全不同,中国是产能过剩与通货紧缩并存。

1970年代,哥伦比亚大学的芒德尔教授,首次提出"供给侧"——刺激生产、促进经济增长的理论,并获得诺贝尔经济学奖,他被称为供给学派的鼻祖。此后南加州大学的阿瑟·拉弗教授画出一个著名的"拉弗曲线",说服福特和里根总统以"减税刺激经济增长",完善了供给侧学派。这派学者的理论基础是:以减税增加企业和个人所得,增加社会供给来拉动消费。说白了,就是扩大赤字,扩大政府债务,同时大幅度减少国有企业数量,减少政府直接干预市场。这一套理论注重微观改革,似乎与今天中国高层准备推行的供给侧改革相吻合,但区别也很大。今天中国的供给侧改革理论侧重创新供给,必须紧跟时代需求,而扩大政府债务也与中国压缩地方债规模相左。

　　从历史上看，供给侧理论对美英经济有所帮助，出现了二十年左右的经济增长，但却成为全球经济，包括欧美日经济的不治之症：目前欧美日等西方国家普遍存在的高债务，尤其是政府债务负担极重，已经不堪重负。美国的次级债危机，欧洲的债务危机，包括日本的巨大债务负担，都源于供给侧理论，西方经济学的供给侧理论已经走进死胡同。被西方经济学否定的"供给学派"，竟在中国死灰复燃，其中深意谁懂？我的理解是，现在提出搞供给侧结构性改革，只是借用！

　　重中之重的地方不是减税，不是扩大赤字，而是保卫人民币资产，防止出现经济危机、金融危机。中国经济的现实状况与西方供给侧改革理论产生初期的经济大环境完全不同，照搬是很危险的。

　　首先，中国经济并非西方式的市场经济，我们的改革还未完成，绝大部分资源（土地及企业不动产）不能进入流通领域，货币所对应的资产环境与发达市场经济完全不同；其次，中国劳动者绝大多数仍然处于低端劳动状态，他们中的多数人没有积攒财富的实力，稍微有一点点财富，也不知道如何保值增值；第三，我们的城乡、工农、贫富两极分化仍然在扩大，其根源不在资本的占有，而在资本的运用。资本的有效运用应该是中国式供给侧改革理论的最大课题。我们急需解决未富先老，绝大多数人无法养老的问题。靠谁养老？唯有储备资产保值增值一条路，这中国式供给侧改革理论的关键；第四，我们的国有企业已经成为庞大的利益集团，成为僵尸企业的聚集地，让他们关停并转，难度可想而知。

　　很显然，习近平总书记是明白这一切的，但没有办法，唯有硬着头皮深化改革——这就是"闯关"一词的来历！中国必须踏实地，必须面对现实创新理论，必须依靠朦朦胧胧的理论去一点点地解决中国特有的难题。西方的经济理论只能借用，绝不能生搬硬套——而且要明白，哪些部分是绝不能照搬的。我们要明白，什么是假的，什么是真的，是必须做的——当前是去库存、去产能，去除僵尸企业，推动人民币汇率改革，推动市场化建设，实现人民币资产的保值增值。

供给侧改革理论的实质不仅是要下决心关停并转一大批僵尸企业，下决心搞混合所有制改革，下决心扭转房地产市场的低迷局面，下决心振兴股市，也要提升人民币资产的价值。企业价值不是以投入计算的，而是以产出（能力）计算的，居民转为储备的价值不是以买入价计算的，而是以预期计算的。供给侧改革将扭转人民币资产下行趋势的预期，这需要全方位的改革，当务之急是避免危机。人民币汇率为什么重要？它是计量供给侧改革"度"的把握是否适度的最重要指标。汇率是什么？它是全球各国劳动力价值比较的唯一尺度。什么叫劳动力价值？既要看到创造劳动力价值的现实水平，也要看到转为储备的劳动力价值保值增值的水准。供给侧改革失败，中国的劳动力价值将一落千丈，人民币资产将大幅度缩水，人民币汇率也将暴跌。相反，如果供给侧改革成功，绝大多数中国企业扭亏为盈，产出增加，创新能力增强，实体经济与虚拟经济共同走强，中国的劳动力价值提升，储备价值增值，人民币汇率坚挺。

很显然，我们必须深刻认识供给侧改革理论出台的危机背景，供给侧改革理论的实战应用必须把握不出现重大危机这个关键点。

危机来了，改革将被迫停顿，人民币国际化、市场化也将一风吹。那才是最大的危机！因此，供给侧改革必须与保增长相结合，保增长不是保7%，保8%，而是保住6.5%，不要以为很容易！当前，无论是供给侧改革，还是消费端推陈出新，都要以支持经济上行为目的，以防范经济危机、金融危机为重点。要审时度势，不要考虑推倒重来——这是关键。

供给侧改革理论需要简政放权，但关键点在市场化，通过市场创新实现人民币资产的保值增值。所谓要大幅度减税，要扩大地方政府债务，不惜在短期内大幅度增加赤字，不惜人民币汇率下跌，不惜人民币资产贬值，不惜股市暴跌股民财产灰飞烟灭。这一切都是有悖于供给侧改革理论的。当务之急是防范重大经济危机、金融危机，因此逆转股市暴跌趋势，稳住人民币汇率，保卫人民币资产是重中之重。

未来人民币资产靠什么定价?

保卫人民币资产,重中之重在于国际市场定价,这很可能是"汇率理论"的核心。以前不讲汇率,因为大规模的国际资产买卖对中国来说很陌生——人民币市场的封闭运行,即保护了人民币资产不会被外资收购,也限制了中国企业海外并购收购。而人民币"入篮",很可能改变一切!人民币资产在国际市场如何定价?人民币以什么汇率水平去收购海外资产?目前中国股市基本是封闭运行的,外资想通过股市杠杆收购中国企业基本是"此路不通",但在人民币国际化之后,全球资本必然提出通过股市交易中国企业资产的诉求。况且,人家是用人民币买——外币通过中国的外汇市场换取人民币,然后通过购买股票拥有中国上市公司股权。除非我们继续说"不",否则不能制止。以前人民币资产是中国政府定价,今后是市场定价,尤其是通过汇率市场调节定价。汇率成为关键之关键!

我在以前提出过:研究中国经济,研究经济全球化后的金融市场全球化首先要有新的经济学思想。经济学理论需要全面创新,甚至需要改写。

在新经济时代,人类经济学思想受到来自两方面的严峻考验，一是创新劳动的兴起，创新劳动引领全球范围的劳动力价值交换。各国的劳动力价值交换需要跨越"空间"（人民币国际化和汇率自由浮动的理论基础）进行（等价）交换。这在以前是根本不可能想象的；二是人类平均寿命的大幅度增长，自然寿命与劳动寿命出现严重背离，"不劳动的"人越来越多，劳动力价值的交换需要跨越"时间"（劳动力价值代际交换理论是虚拟金融市场理论的基石）进行（等价）交换——绝大多数人都要将财产储备传给后代。这两个重要变化导致现代经济学的基础理论从逻辑链的起点上就发生了异化，由此产生劳动异化和货币异化理论。它们是新经济时代所孕育的创新经济学思想。

空洞的经济学理论没有几个人感兴趣，比如我一再地指出：股市暴跌，人民币资产定价极低，大量人民币资产将被贱卖，这不仅是过去式，更是未来式。它不仅是理论问题，也是实战问题。理论与实战没有难以逾越的鸿沟。

传统的货币理论不仅无法解决劳动力价值的现实定价问题，更无法面对跨越时空的劳动力价值的定价问题，更何况企业资产定价，包括股市定价、土地以及房地产定价。

啥叫传统的货币理论？当人类尚处在以物易物的蒙昧时代时，货币，就是创新。一个农妇用皮毛缝制了两件衣服，而另一个农夫却抓住了两只野羊，御寒是需求，解馋也是需求，农妇的两件皮衣，暂时只需一件，农夫的两只肥羊也闲置了一只，于是交换产生。两个人交换可以以物易物，很多人交换，尤其是很多东西交换，很难以物易物！聪明的人发明了货币，最初是一颗颗晶莹透亮的贝克，这些贝克几乎没有实际的使用价值，但它却可以承担价值尺度的作用——计量不同劳动的凝结物——劳动时间。最初的货币就是为了计量不同劳动产品中所内含的劳动力价值，它是马克思主义政治经济学的逻辑起点：劳动创造价值，价值需要用抽象的劳动时间计量，然后才能交换。为了计量劳动力价值，首先需要计算出凝结在不同劳动产品或曰商品中的劳动时间，于是马克思提出了"简单劳动"、"复杂劳动"与抽象劳动等概念。马克思有一句名言："复杂劳动"是"简单劳动"的倍数。于是，异化的理论前提出现了。

为什么要发展马克思主义政治经济学？很简单，马克思没有见过汽车，更没有见过飞机、火箭，他可能看见过火枪，但绝没有见过火炮，更没有见过导弹、原子弹。啥叫互联网，可能连做梦都没有想到。他怎么知道这些"东西"凝结了多少劳动时间；他怎么知道，现代劳动的使用价值与价值之间的关系已经很复杂——有时候根本是风马牛不相及。马克思时代的劳动只是盖房子、织衣服、种包谷，最最复杂的劳动可能就是做木工活了，这些劳动都可以由现代的机器人替代。这样的劳动，怎么在今天进行全球市场的交换，怎么跨越时间进行交换！

今天的劳动是"互联网+"，总称"创新劳动"。一个创新劳动者的劳动力价值如何衡量，可能绝不是"复杂劳动"是"简单劳动"的倍数那样简单，因为它不仅是倍数，而是乘数。举例子，比尔·盖茨是不是劳动者，他的创新劳动产品所包含的劳动力价值可能相对于几百万普通劳动者在同一时间内所创造的价值量！如何计量？如何交换？解释这种交换，操作这种交换，不仅需要新的货币理论，而且需要按照这种理论创新的市场环境！

新的经济学还遇到新的时代考验，我把它概括为以下几点。

由于经济高速发展，更由于创新劳动的高速发展，创新劳动的不断创新首先被应用于延长人的劳动年龄（脑力劳动者越来越多，从事价值创造的劳动年龄得以延长；同时医学的进步，也在提升劳动者的自然寿命），但由于，当人类平均寿命大幅度增长后，绝大多数人的自然寿命与劳动寿命出现了严重背离。倒退几十年，绝大多数人可能在10岁左右就上山放羊了，很多人到闭眼前一天还在地里干活。现在呢？25岁还在"啃老"，因为不拿到研究生学历就找不到好工作，不仅自己无法创造价值，还要消耗父辈积累的劳动力价值；更有一大批人，尤其是创新劳动者，他们到五十岁左右就想游山玩水了，创新劳动的劳动寿命极短。于是，这个世界从总量和比例上看，"不劳动的"人会越来越多，怎么办？

好办，一方面，创新劳动创造了足以让更多的人不劳动的财富条件，另一方面，越来越多的人希望成为创新劳动者，创新劳动是源源不断的；一方面人类的平均寿命大幅度延长，另一方面，需要被"养活"的不劳动者越来越多。没关系，靠积累，靠虚拟金融市场实现储备劳动力价值的保值增值。劳动力价值能够通过虚拟金融市场实现跨越"时间"的代际交换，一个劳动者的劳动力价值可能要与其孙子辈进行价值交换——虚拟金融市场的作用凸显而出。

今天的世界已经不能各自闭关自守了，"闭关自守"的世界已近终结，经济全球化使商品交换、劳务交换（实质是劳动力价值交换）在全球各国已经成为新常态，由此演进，各国都会提出购买它国创新知识产权以及拥有创新产权的资产的要求，兼并重组出现全球化趋势。以前的（国家主权）货币所带有的强烈国家印记已经受到考验，货币仅仅与现实劳动力价值交换相关联的理论受到考验。传统货币只是用来衡量本国劳动者的劳动力价值，现在的货币则要用来计量不同国家劳动者的劳动力价值。以前的货币汇率定价与资产无关，未来将成为"主线"。

用什么货币去计量不同国家劳动者所生产的商品中所内含的劳动力价值——货币异化理论产生了，用什么货币去计量不同国家的资产价值呢？货币需要"跨越空间、时间去计量劳动力价值"，需要流通在实体经济与虚拟金融市场的两个"水库"之间，它不仅是国际贸易的媒介，也是全球资产买卖的价值尺度，汇率理论应运而生。国际金融市场需要稳定器，国际货币体系应运而生。大国货币汇率主导国际市场的时代到来了。

在新经济时代，人类交换的不仅是商品、劳务，还要交换能够生产商品的资产，这一点非常重要。有些资产因为负载着创新劳动而会不断地升值，有些资产因为已经没有创新价值而逐渐成为负资产，由此引发资产市场价格波动——股市波动的理论根据在此。新经济时代，货币不仅要考虑计量产品、计量商品的劳动力价值，还要考虑计量资产。这个资产的买卖对象不仅是货币流通的"国界"内的国民，还包括"国界"以外的"公民"。货币汇率公民化的时代到来了。

如此复杂的交换如何定价？如果我们考虑到劳动力价值的跨时空计量，就不能不考虑到储备资产的计量。有些资产虽然不能产生现实的GDP，但它也有价值；有些资产"凝结"的劳动力价值很小，但却能创造巨大的劳动力价值。比如股票市场背后的资产，可以通过不断地兼并重组，收购创新资产。"两个水库"理论的重要性恰恰在这里。既然考虑到货币资产的计量，就不可能不考虑到资产市场的定价。股票市场表面上看是在买卖股票，实质却是购买资产，外汇市场似乎与资产无关，但所有的跨越国界进行的资产买卖都必须通过外汇市场（先兑换资产国货币），于是，实体经济与虚拟金融市场密不可分，现代虚拟金融市场理论应运而生。如果我们考虑到终于有一天，全球的资产市场都被联通，金融市场全球化时代的到来也就在情理之中了。现代货币，不仅要计量劳动力价值，不仅要计量全世界各个国家的劳动力价值，而且要计量全世界营运资产、储备资产的价值。能够计量它们的已经不是几十年前的货币，更不是古代的货币（贝壳或者金银），而是汇率，尤其是未来的汇率。

汇率是跨时空计量劳动力价值的价值尺度，也是跨时空计量各国资产（处于升值趋势还是贬值趋势）的价值尺度！

啥叫资产市场？它一方面是能生产具有使用价值商品的固定资产，同时也是储备劳动力价值的虚拟金融资产。货币要来计量它，必然要受到全球资本市场波动的影响，更会受到"贬值资产"、"淘汰资产"与"朝阳资产"、"创新资产"相互博弈，此消彼长的影响。这个市场的波动率为什么很大，根源在这里。传统的货币已经无法计量变化无常的全球资产市场，最敏感的计量工具就是国际货币，或曰汇率。

中国的人民币资产如何定价？光有股票市场是不行的，在人民币国际化后更不行。首先是人民币定价，汇率定价。很多人都希望中国拥有国际市场的话语权、定价权。定什么价？首先是人民币资产的定价。人民币不成为国际货币，啥权都不会有，人民币不能自由买卖，人民币资产就不能自由买卖，定价权有什么用？

人民币国际化推进思想创新

人民币只在中国境内流通，世界还是"老样子"，当人民币开始在全世界流通，世界是什么样，中国是什么样，我们考虑过吗？恐怕绝不仅仅是经济领域的天翻地覆。

这一切，可能吗？目前还是只能做，不能说，说多了，没有用。但在思想领域展开讨论很有必要，不仅因为思想可以超前，也因为思想可以自由想象。

但在中国，缺乏思想的想象！比如说，"汇率"一词突然间就火了，但倒退一年，甚至几个月，谁会想到汇率！而在企业、投资者，都在思考汇率是什么的时候，经济学家却整体沉寂。

我们常常说，人民币国际化推进中国的市场化改革，更重要的是推进思想创新。

近些年来，所有围绕人民币国际化之路径的争论都看不到新的经济学思想的影子，因此抓不住关键点。汇率所保护的不仅是现实的劳动力价值，更是凝结着劳动力价值的资产；汇率所面对的不是国界，而是打破国界；汇率的基石是和平发展，而不是货币战争——经济学思想为什么要被媒体、被低俗所纠缠呢？

汇率理论的出发点，或曰逻辑起点仍然是"劳动"。劳动创造价值，货币交换劳动力价值，这是所有经济学包括马克思主义政治经济学的逻辑起点，没有了这个逻辑起点，任何经济学理论都不会有真正的思想建树。但在新时代，"劳动"（劳动价值论）性质发生巨大变化，劳动力价值交换的市场超出国界，创新劳动要与一般劳动相交换，今天的劳动力价值要与几十年以后的劳动力价值相交换。人民币在这个大背景下走向世界，融入国际货币体系，而且还要争取话语权、定价权。原来的思想体系能够适应这个巨大的变化吗？

近30年来，全世界的学术圈都承认哲学在退潮，社会学在"嚼剩饭"，而最时髦的经济学其实也没有多少进步。人类是否已经进入新经济时代，是否需要创新经济学，部分地颠覆传统的经济学？没有人敢于提出这个重大问题。而我十几年来一直在问：人类社会有没有可能开创一个新时代——如同第四次工业革命一样——从经济全球化走向金融市场全球化？人类社会是不是需要理论创新？在人民币还没有国际化之前，很多宏观经济学家没有思考这个问题，而在人民币国际化之后，这个课题可能非常迫切——因为它与现实的联系太紧密——不懂得这个问题，可能无法解释任何经济现象。

经济学本身应该是充满创新的，是伴随时代进步的。从亚当·斯密到马克思，然后又是熊彼特和凯恩斯……区域经济学、制度经济学等等，永远不能脱离时代特征。但就逻辑体系而言，尤其是逻辑起点而言，经济学却必须循规蹈矩：时代的巨大变迁已经使"劳动"发生巨大改变，但创造价值主要靠劳动这一点没有变。使用价值决定价值，市场的地位提升，但不能否认劳动。

经济全球化、经济虚拟化都是新经济时代的经济现象，它对传统货币理论、汇率理论有哪些新的要求呢？

人类纪元性的巨大变迁已经开始，全世界的经济学家却看不到，因为人民币还没有国际化！

我在15年前撰写《生存还是毁灭——货币异化与产权革命》一书时，从经济学角度对新经济时代做了"断代"性质的划定，指出我们所生活的时代不仅与我们祖先生活的时代有了天翻地覆的变化，而且与30年前相比，变化也非常巨大，很多变化是本质性的，是"断代性"的。这个时代的最重要特点就是创新，创新劳动改变经济学，而人民币国际化则会催生新纪元的经济学。

仔细地思考人类近300年来的经济学成就，无论是开创古典经济学的亚当·斯密、李嘉图，还是改变人类历史的马克思、恩格斯，包括现代资本主义经济学的奠基人凯恩斯、萨缪尔森等，他们的理论前提都是劳动。简单一点，马克思曾经说，劳动是一切财富的源泉（这一点是不对的，其他生产要素同样与财富创造相关，而且可能占比越来越高），人类不劳动，三天变动物。但马克思说的劳动，无非是种地、织布、造房子；但在今天的时代，如果人类仅仅会种地、织布、造房子，可能连动物都不如。为什么？因为这样的劳动很快都会被机器人所取代，今天的劳动是创新劳动，会造机器人的劳动才叫劳动。

时代变了，最本质的变化就是"劳动"。人类在什么环境下劳动？人类从事的是什么性质的劳动？人类劳动时间和技能水平发生了什么重大变化？各国的劳动价值如何比较？创新劳动与一般劳动如何进行劳动力价值比较？今天的劳动力价值与未来的劳动力价值如何进行等价交换？通过长时间的思考，我提出：今天的时代，人类之所以能够在长期的和平环境下劳动——即和平劳动环境，创新劳动占比有了极大的提高是最主要原因！没有创新劳动，人类很快将成为动物（像动物那样弱肉强食）！为什么习近平主席说：太平洋足够大，可以让中美两国实现长期和平发展。而这句话倒退几十年敢不敢说？如果人类生存仍然要靠地盘，靠战略空间，地缘政治的主要标志就是争夺地盘的战争。而现在，为什么有可能避免战争？创新劳动产生了巨大的物质财富，创新劳动不需要战略空间，人类生存不需要靠武力抢夺！

今天，不是争夺资源，而是争夺人才，是争夺能够孕育创新劳动的市场，虽然这样的争夺仍然激烈，但它已经属于人类文明的博弈。文明博弈就是创新劳动之间的博弈，它拒绝战争？为什么？人类的科技创新已经使文明博弈上升到极高水平，科技创新一方面喷涌着巨大的财富，另一方面也在消灭财富，包括不断地威胁到能够创造财富的创新劳动，因此，创新劳动就要时时创新，在求新创新中避免被毁灭。创新劳动为了什么？不仅是为了创造财富，更重要的是维护创新机制，市场可能比创新劳动更重要。争夺市场尤其是创新市场需要时时地进行国际比较，相互学习，因此，这种比较导致的结局不是相互毁灭，而是共存、共享、共荣！市场博弈是可以分胜负的，未来任何大国间的战争却没有胜负，追求创新劳动的新世界通过文明竞争而共同富裕，不必通过战争！人民币走向世界，就是为了这一天早一点到来!

中国是一个追求创新的国家,而不是一个追求地盘的国家,当中国的创新劳动可以极大地提升中国资产价值的时代来临以后,中国劳动者的劳动力价值将引领全球劳动力价值的交换,中国所创造的劳动力价值不仅是我们祖先劳动力价值的上万倍,也可能是全球劳动力价值平均值的几倍。那时候,我们还会通过战争去索取吗,还会有人天天喊中国威胁吗?恐怕连悄悄说一声都不敢。与其靠战争恐吓,不如让创新劳动腾飞。一个比尔·盖茨富可敌国,一个苹果加上谷歌的资产相当于好几个国家(的资产),只要市场是相互开放的,博弈是文明的,中国的劳动者一定能胜出,凭什么打仗?

在未来的时代,从事创造价值的劳动时间相对劳动者的自然生命(占比)已经极大地缩短——劳动已经不是为了活命,也不是为了赚钱,它很大程度是为了享受——为了满足别人享受的劳动也是劳动。劳动越来越成为一种自然需要,不仅劳动本身是快乐的(创新劳动充满乐趣),而且所有不快乐的劳动都会被淘汰——奴役将成为历史,重体力劳动也将成为历史(全部由机器人完成)。人类劳动由创新劳动引领,虽然也会加大"贫富差距",但这种差距一方面源于一般劳动与创新劳动在价值量上无法比较,另一方面也是一种社会激励——想致富,要创新。马克思主义政治经济学所推导出的结论:"贫富差距由占有生产资料并通过剥削劳动者而产生"需要改写。贫富差距更多的将由于劳动差异而产生,传统农业,包括传统工业,都不可能实现财富积累,这样的劳动再多,也无法摆脱贫困，创新社会就要淘汰这种劳动。富裕要靠创新劳动，要靠市场，尤其是虚拟金融市场。人类劳动价值需要进行跨时空的价值交换——以促进创新劳动的国际化。劳动价值比较国际化了，货币也要国际化，劳动价值交换演绎为资产交换，金融市场虚拟化成为新的经济学理论的重中之重。劳动异化了，货币随之异化，货币异化理论应运而生，符合金融市场全球化的理论体系必须产生。

我的货币异化理论描述了人类社会（经济和政治）超高速发展的历史必然性，同时也引出主权货币成为世界货币的必然性。货币异化理论承认主权货币之间的矛盾冲突与竞争关系，但反对阴谋论和战争论，因为这"两论"违反了我们这个时代和平发展的最主要特征，而且有损于新的（有人民币参与的）世界货币体系的形成。说白了，如果货币战争理论成立，阴谋论满天飞，那就没有劳动力价值的国际交换，也就不需要国际货币，未来的世界货币体系，新的世界经济学思想，也就没有了逻辑终点。

对于创新劳动的出现，人类社会的改良与人类的融合是大趋势。不仅资本主义国家在改良，社会主义国家也在改良，而且出现了长期和平共处、经济一体化、市场一体化等一系列积极迹象。人类痛定思痛的结果不是走向世界大战，不是走向人类毁灭，而是走向和平发展，民族融合，共存、共享、共荣。这是一个巨大的"同心圆"，也是我们这个时代最重要的特征之一，它应该是现代经济学的逻辑起点。虽然货币战争的基因还存在，但货币制衡的思维却更广泛地存在——平衡可以制止战争。全球经济大都是混合经济，各国经济为什么不能混合，不能和平相处呢？混合经济正在改变着世界，现代世界货币体系则促成了这种改变。货币战争过去是不是真的存在过，我有疑问，今天各国为了争夺世界货币体系中的垄断地位和话语权仍然将充满博弈，我也必须承认。但博弈不是战争。人民币走向世界，就是要改变世界，让这个世界永远不会发生世界大战。人民币参与国际市场博弈只会让这个世界发展更快、更和平。旧的理论，旧的思想体系，应该与新时代告别了。

中国资产定价之"魂"

资产定价是非常复杂的,但它的"魂"必须存在。人民币资产定价更复杂,它需要"魂"很强大。今天我们谈国际市场,主要涉及劳动力价值的定价,未来我们谈国际市场,可能注意力会集中到资产定价上。劳动价值定价相对简单,资产定价极其复杂。没有强大的市场是要吃大亏的。这个市场买卖的是什么?很简单,就是汇率,人民币对不同国家货币的汇率。

不要以为汇率简单,它是中国资产定价之"魂"。未来很长时间,国际金融市场博弈都会围绕汇率展开。不仅仅是通过货币汇率走强、走弱对劳动力价值竞争产生影响,更重要的是,汇率能决定一个国家的资产到底值几个钱。

如果给汉堡包定价,很容易,因此与国际市场汇率理论相关联的有一个非常著名的"汉堡包"理论,即以各国汉堡包售价的高低评价各国汇率的真实度。这个理论是错的!起码是严重落后时代的。

根据汉堡包理论,很容易得出人民币汇率低估的结论:美国主要城市的麦当劳的"巨无霸"汉堡包的平均价格为2.7美元,在瑞士同类汉堡包的售价为4.52美元,而中国的同类产品售价仅为

1.2美元（折合人民币9.9元），是SDR国家中的最低价格。所以西方经济学家一致认为：人民币的价值被低估了。同样道理，他们认为瑞士法郎却被高估了。根据绝对购买力平价理论即e=pa÷pb得到9.9÷2.7=3.65元，即1美元应兑换3.65元人民币，但是实际的汇率为6.5元左右，这样就意味着人民币被低估了40%。按照这个理论进一步推论，西方人不干了。

我在本书中举例：著名的大连港资产总值40亿人民币，流通股30亿，股价4元人民币；美国纽约港资产总值100亿美元，全流通，股价10美元；日本神户港资产总值60亿美元，股价相当于8美元。算一算总市值就知道，人家一个港口可以买我们多少港口。当然，资产市场的控制管理是非常严格的，欧洲人至今也不可能去买美国的港口，美国人也不可能买日本的港口，但可以控制，未来也可能买。更何况，现在许多发展中国家的港口是可以买卖的，即使是发达国家，一般的企业也是可以买卖的。政府只能以国家安全为名，阻止一定范围的资产收购，不可能拒绝所有的股权收购，尤其是上市公司。显然，购买力平价理论的缺陷不是它准不准，而是它把购买力平价的测算标的仅仅局限于一般消费品。

汇率是否真实，既要考虑到消费品，也要考虑到资产价值；既要考虑有形资产，也要考虑无形资产。于是，创新劳动力价值时时计量被引入到汇率的标准中。

港口是有无形资产价值的，这价值往往是它所处的位置以及辐射的区域，大连港辐射东北亚，半岛实验氢弹，试射远程火箭，美国特种兵进驻半岛，大连港的股价就会下跌。最重要的无形资产是指创新劳动成果，有些企业固定资产很少（轻资产），但股价很高，背景就是它充满了创新劳动成果。比如苹果公司，市值高达万亿美元，它的固定资产可能不及一亿美元！

当我们谈及人民币汇率定价，不能不谈及中国股市连续暴跌，不能不从虚拟金融市场的巨大泡沫谈到实体经济的巨大泡沫！啥叫泡沫？就是在充分买卖的市场中被投资者认定的价值高估！股市，是上市公司的聚集地，这些上市公司都是实体经济，但它们的股价不等于实际投入，这就是PE值的来历。股价代表什么？代表未来的估值。实体经济的每一个工厂，每一个设备，每一个厂房，甚至每一分钱资产都是真金白银堆积起来的，它们可能产生巨大的价值，也可能突然间没有价值？有些上市公司，可能永远有价值，比如港口，但它的估值未必高，因为它包含的创新劳动成果很少；有些企业价值可能飘忽不定，尤其是那些所谓包含很多知识产权的上市公司。美国的很多上市公司为什么定价高，一是历史形成，二是它们都有创新劳动价值在里面——即使是港口，也投资了高科技企业！

中国股市哪来的泡沫？看市场怎么认定。如果盯住供给侧改革，要"三去"，很多企业要退市，最坏的情况就可能发生：工厂还在，资产（价值）没了——工厂的设备还在，厂房也在，它所生产的商品已经不具有使用价值，因此这个工厂也就没有了价值！

有人说，供给侧改革理论主要针对的是虚拟金融市场的泡沫。其实是针对实体经济的泡沫。我们发展实体经济，是为了创造财富，创造价值，让从事实业的人拥有财富，同时带富一大批劳动者。而当一个上市公司被带上产能过剩的帽子后，它拥有的实体经济资产越多，股价却可能下行，甚至归零。不要以为美国没有这样的企业，它们上市公司退市的比例差不多达到50%。实践证明，一旦实体经济成为泡沫，更难去除。

我一直坚决反对不分青红皂白地发展实体经济，因为我的货币异化理论告诉我：创新劳动一方面使实体经济充满新业态，新鲜血液，另一方面却会非常残酷地淘汰老产业，消灭财富。这个过程不是简单的企业倒闭，很可能是整个产业突然间灰飞烟灭。在创新经济引领产业升级的年代，你可能刚刚建设好一条流水线，甚至一个工厂，还没有出成品你就会悲观地看到，已经有更先进的产品生产线出来了，你的已经过时了。模仿创新虽然来得快，但会导致重复建设泛滥，这就是中国产能过剩的真正症结所在！

人民币价值依附在什么资产上，决定了它的未来价值！中国经济为什么有巨大的隐忧，人民币汇率贬值为什么会成为周期性的现象？根源之一在于，中国的实体经济其实是模仿创新必然导致落后产能的代名词！

反过来说，中国的人民币资产为什么会起伏很大，一方面是因为像大连港这样的上市公司只是玩实体经济，只是玩港口，它的资产很难高估；另一方面也要看到，如果绝大多数上市公司都向创新型企业转型，都拥有很多创新知识产权，它们的价值是不是能够高估，股价是不是能够上行。

时代进步的速度很快，模仿创新既功不可没，也是包袱。中国的对外贸易已经比三十年前有了巨大的进步，也开始出口成套设备了。但其中的绝大部分都是模仿，其最关键组件又不能模仿，一个关键组件可能将我们全套设备赚取的价差全部覆盖，这样的企业太多了，包袱太重了。几十年前，我们可以依靠廉价劳动力获得生存权，现在，廉价劳动力多的是，而发达国家已经进入工业4.0时代，我们再生产"简单劳动"产品不仅无法与发达国家进行劳动力价值比较，可能连新兴市场经济国家都竞争不过？人民币汇率如何升值！

这两年有了创业板，似乎要为创新劳动服务了，但在创业板中有多少上市公司是真正的创业型、创新型？有多少上市公司有强大的生命力？如此多的"烂资产"充斥市场，它的整体价格怎么可能被高估。人民币资产高估要调整，这可能是股市熊市的基本面。

啥叫实体经济泡沫，啥叫股市泡沫，其实就是资产贬值或曰价值高估。通常，很多人只看见虚拟金融市场泡沫巨大，埋怨股市，而看不见正是实体经济出问题了。上市公司的大量资产已经不能创造预期价值，依托这样的低效资产，甚至负资产，劳动者不仅无法创造价值，甚至连活下去都困难，这样的资产仍然给它十几倍的PE，虚拟金融市场当然虚火旺盛，怎么可能不大幅度调整。股市是宏观经济的晴雨表，不仅是GDP的晴雨表，更是资产价值的晴雨表。上市公司在创造价值，但它的股票却是可以自由买卖的，当投资者认为该公司未来能创造更高价值时，就会追捧这样的股票，反之，如果投资者认为这些上市公司的资产已经是过气的资产，就会不断地卖出，结果就是股灾。中国经济下滑不仅是传统产业严重过剩，更是由于创新创业还不能担大纲——缺乏原创创新的基本面。我多么希望我们的创业板能有几家真正掌握首发型知识产权，能够不断地涌现创新劳动的优质公司呀，其实，只要有几家就行——依托他们就能够产生巨大的创新环境，能够使整体资产被按照创新企业来评估。

必须强调，在创新劳动引领劳动力价值交换的新时代，计量资产是非常复杂的，因为资产往往没有"人"值钱，甚至没有"市场"值钱。资产只有与创新劳动相结合，资产价值才能高估，创新劳动只有遇到好的估值市场，才能使其价值实现最大化。举一个例子，李克强总理曾经举例说：中国可以生产一吨钢铁，却不能生产圆珠笔芯。这是创新的问题，也是市场的问题。圆珠笔芯的市场毕竟太小了，不能用它概括所有创新劳动。

市场是干什么的？发现价值，调整价值，这是一个问题的两个方面。创新劳动不仅会迸发出极大的劳动力价值，也会使原有的创新劳动一下子被贬低为一般劳动；创新劳动可以改造设备，改造工厂，也可能毁灭设备，毁灭工厂。这样的劳动与这样的资产如何评估？从国家角度讲必须依靠专业的资产市场——股市，从全球市场角度讲，必须盯住汇率，汇率高低决定了这个国家的资产在全球市场中的地位。

举一个例子，我们年轻时代都爱照相，那时候胶卷很贵，洗印相片也很贵，像柯达这样的上市公司，就很贵！现在，虽然还有照相机，但胶卷没有了，洗印照片的超级大企业柯达也没有了，它的价值变成零。中国的企业都是模仿创新型，都是看到别人好，再去追，于是，我们有了很多的柯达，比如说很多电视机厂，结果怎么样，现在连传统的电视机也卖不动了，每个人的手上都有电视机（手机），但很快就会出现虚拟现实技术，带一个眼镜就是电视机，手机微信都会被取代。追赶吧，一个上市公司从获取超额利润到平均利润再到没有利润，可能就是十年。上世纪的柯达可是活了近百年！

中国经济的难题不是不能生产，而是没有市场倒逼机制，股市已经很难体现创新劳动市场的变化。因此，有些经济学家主张股市暴跌是好事情。

需要倒闭,但不能都倒闭,要鼓励像大连港这样的上市公司去追逐创新,尽管创新之路艰难,但超级大公司抗风险能力恐怕比创业板那些小公司强很多。不要怕失败,中国的上市公司里面只要出现一个苹果公司,出现一两个比尔·盖茨,新的产业就会跟着喷涌而出,它们创造利润的能力就会覆盖所有的亏损。

今天的时代已经不能用GDP来论高低了,要看创新的能力,看维持创新的能力,看持续地创造价值的能力。持续地盈利,必须依靠创新。

中国有几十个创新型的好公司,其他的都围绕它,为它服务,这就是产业转型。

货币要永远追逐优质企业、创新企业,汇率则要追逐创新国家,它是国家竞争力的领先指标。股市投资者做什么?追逐创新型企业;政府做什么?扶持创新型企业。在2016年冬季达沃斯论坛开幕当天,我应邀发出一篇评论文章,讲地方政府如何扶持创新创业,举了四川泸州市将建亚洲最大的无人机生产中心的例子。这个消息为什么我要评论,因为它体现了转型意志。泸州是地处西南的三线城市,以前只有各种各样的名酒和几家已经倒闭的军工企业,现在人家要造无人机了,而且一玩就是最大,总投资76亿。我为它点赞!中国今天要振兴地方经济,只能抓最前沿的,抓与"第四次工业革命"相关的创新概念,要走在当今时代技术创新的最前沿。工业4.0,就是智能与大众消费的紧密结合,未来不久全世界都将是机器人的天下,天上飞机器人,地下跑机器人,甚至每一个家庭,都有机器人。泸州能够引进巨资造无人机,将来就能够造其他的机器人,如果中国各地都能造机器人,中国企业的含金量必然提升，为这些企业服务的企业会更多，中国经济的含金量就大不一样了。泸州的经验告诉我们，落后的产业不可怕，只要新兴产业所创造的价值量能覆盖被淘汰的产业损失的价值量，我们就能够继续生存，甚至过得更好。人民币汇率由什么决定？人民币资产如何定价？看创新，不全面，最先进的资产加上最先进的劳动者，有形资产加上巨大的无形资产。这样的企业多了，人民币汇率就会被高估，这样的企业很少，人民币汇率就只能被汉堡包决定。

知识劳动价值决定汇率的含金量

我国在校大学生占人口比例已经达到7%（含各种各样的"海归"），其中占年轻人的比例已经超过发达国家——比如德国。关键点不在拥有大学学历的人数占人口比例，而在拥有大学学历的年轻人都在干什么，他们是否能够获得相对应劳动力价值投入的回报。更要想到，中国绝大多数大学学历拥有者是85后，这么多年轻知识分子在干什么呢？创业、创新，还是赋闲在家，或者为了三四千元工资甘愿从事低效劳动、无效劳动！相比之下，中国传统的低效劳动，比如泥瓦匠，比如保姆（月嫂），一个月的工资可以到一万多！知识劳动不值钱，年轻人的劳动不值钱，这是很大的社会问题，它的普遍存在，人民币汇率岂能高估！

我们已经明确汇率的本质，它可以用"各国劳动者劳动力价值的比较尺度"来定义。但接下来的问题来了：最具创新意识的劳动者在哪里？肯定是年轻人。年轻劳动者的创新、创业取向将决定中国的未来，也将决定人民币汇率！

在创新劳动相对稳定的时期，或者创新劳动价值含量很低的时期，汇率是没有用的！为什么？汇率是衡量各国劳动力价值的媒介，如果各国劳动者的劳动力价值是恒定不变的，这个尺度也就是相对稳定的，稳定不变的尺度，等于多余的尺度！比如，中美间劳动者创造价值的能力基本稳定在一个水平上，人民币对美元的汇率水平也就能够相对稳定，人民币兑美元没有变化，汇率有用吗？问题是未来，中国与全球各国年轻人相比较，我们的创新创业追求指数是怎样的？

很多人说，中国的大学生可能比印度少，但我们知道印度大学生就业后的平均工资是多少吗？远远高于中国大学生的平均工资水平！

知识劳动为什么重要？因为知识劳动是与创新劳动最近的"劳动"。让泥瓦匠成为创新劳动者是很难的，但让知识劳动成为创新劳动，相对容易很多。问题是，大环境！如果让一大半知识劳动者远离创新环境，不仅是这些知识劳动者的悲剧，也是国家的悲剧！

在创新劳动引领劳动力价值交换的时代，最重要的特征就是：个体的劳动力价值变化很快。新的，可能还有更新，没有百年不变的老店，更没有一两年不变的产品，没有一成不变的创新劳动。要跟上创新劳动的发展，需要有一个庞大的知识劳动群体，在其中不断地涌现出创新劳动。

30年前，有没有创新劳动不是很迫切。比如那时候，中国刚刚开始生产牛仔裤，要用几亿条裤子换取美国一架飞机。那时候，人民币汇率是1∶10，黑市是1∶15；现在中国不仅能够造飞机，而且能够造大飞机，不仅能够造汽车，还能造高铁。因此，人民币汇率要升值。但同时我们也看到，更多的创新劳动在美国出现，包括智能机器人、生物科学、互联网。过去很多年，所有的创新劳动的总发源地往往都是美国。美国的创新地位很难撼动，美元相对强势也有根基。

由于中美贸易背后的汇率变化，人民币要盯住美元，就要追逐美国的创新，美国有的，中国要争取尽快有。但会不会后继无人呢？表面上看，中国的大学生很多，但从事高附加值劳动的年轻人有多少？

依赖房地产为什么不好？因为它是简单劳动的土壤。今天的生命科学、机器人、无人驾驶汽车、无人飞机等等，与房地产相距多么远。

房地产其实也很好，它完成了中国的原始积累，使很多家庭都有钱了。钱多了，就是资本，就可以转化为创新创业。股市其实很坏，它让非常多的中国人迷恋于虚拟金融市场，但股市可能很好，因为它最终将告诉国人，最能激发创新、创业精神的就是股市。

创新创业是需要资本的，可千万不要毁灭房地产与股市！那会毁灭中国人尤其是年轻人创业、创新的本钱！

汇率是金融术语，关联性却在创新劳动、知识劳动。创新劳动需要极大的知识积累，即使是模仿创新劳动，其知识背景也非常深厚。但知识并不等于价值，知识劳动未必直接创造价值，比方说现在很多大学生就业很难——准确地说是很多年轻人难以就业，他们的知识真是不值钱。政府干什么？一是进行教育改革，使大学里传授的知识能够学以致用，更重要的是创建创新劳动的大环境。想一想泸州要建立超级无人机生产基地，多少大学生能够发挥他们的才干？

汇率是国家品质，它的含金量由创新劳动在整个劳动力价值中的占比来决定，基础是什么？是知识劳动。毫无疑问，与培养泥瓦匠、钳工等"高级劳动"（马克思时代）技能所必须耗费的价值量相比，今天要培养一个知识分子所消耗的价值肯定是呈几何级数上升的，而且，并不是每一个知识分子都能成为创新劳动者。当一个社会仅仅有很少的知识分子时，其价值消耗容易被承受（古代，叫"养士"）——但知识分子很金贵，人类社会很早以前就懂得必须从剩余价值总量中无偿划拨出一部分养活少数知识分子，人才永远是国家强大的基石之一。但当一个时代需要每一个国家都能够养活很多知识分子，并通过知识分子的总量优势"生产"出超过其他国家的创新劳动者时，国家的优势就显现出来了！生产知识分子的劳动力价值投入必须寻求新的回报，总量的投入是巨大的，个体呢？多少大学生才能产生一个比尔·盖茨呢？但创新劳动培养必须消耗极大的劳动力价值！一个国家能够生产多少创新劳动者，取决于它的劳动力价值总量！创新国家，首先必须是知识国家，劳动力价值比较高的国家，是伟大的国家。它的标志之一，就是知识分子劳动化。虽然生产劳动力的价值补偿只能是劳动者自己，但生产知识分子越多，知识分子成为普通劳动者进而成为创新劳动者的可能性就越大，这样的国家一定越强大。知识分子也是劳动力价值堆积起来的，知识分子越多，知识分子从事一般劳动越多，创新劳动涌现的概率越大。而一个国家的劳动力价值总量中创新劳动占比越大，它的汇率会越高。

　　创新劳动者的价值补偿必须是知识劳动，但知识国家，未必等于创新国家！知识分子劳动化不是凭空产生的，这是一个高速发展，尤其是创新劳动常态化国家的"化学反应"（聚变与裂变）。在马克思的时代，已经有了知识劳动的萌芽，比如蒸汽机的发明,电灯的发明,大型机械的使用。但知识分子劳动化占比很低——知识分子与资本的结合仅仅就差一小步——知识分子必须愿意出卖自己的劳动力,必须与资本相结合才能形成生产力。马克思的时代,由于知识分子将技术创新仅仅当作好玩,因此在那个时代还没有创新劳动(比如爱迪生,一生的发明十万多,但他没有成为创新劳动者,因为他的发明绝大多数是他死后才形成产业)。

美国无疑是创新劳动大国,它的人口仅占世界5%,但其劳动力价值总量占世界经济的比重始终高达20%—25%;从1950年到2000年,美国的人均实际可支配收入(剔除通货膨胀因素)从9240美元增长到28899美元,增长了213%;每个州都有世界一流的公司,其中在39个州至少有一个财富500强公司落户安家;40%的诺贝尔奖获得者是美国公民,全球1000家最具创新能力的公司中美国公司占了40%。中国政府持有的外国政府债券60%是美国,根源在此!我们在向美国敬礼!

当所有的国家都必须购买美国政府债券时,我们要不要想一想,这是为什么?支撑货币汇率的不是一般劳动价值,而是创新劳动价值。未来,中国也可能成为发债大国,人家凭什么买中国债券,那是看好中国的创新劳动前景。我相信,中国正在赶上来,因为中国实际已经是全球首发创新最多的国家之一,关键是怎么把它们变成产品。

必须承认,目前最好的创新劳动绝大多数在美国,但如果有一天,中国有一样创新劳动能够领先全球,最好的东西也能出现在中国,很多创新劳动将由此衍生,那时候,美国也要向中国敬礼。

知识劳动未必都去追逐技术创新,市场创新也是创新。学习市场操作，做金融市场、外汇市场的操盘手需要很高超的知识。对大批中国的年轻人来说，尤其是对大学生来说，学习市场操盘很重要。须知，美国不仅有最好的技术创新，更有最好的高科技产品孵化器——资本市场。市场是创新经济的一部分，而且可能是更重要的一部分。美国为什么总是领导创新，因为它的经济体制，市场设计，都围绕着创新劳动，为创新劳动服务。因此，美元强势，有强大的基本面支持。人民币汇率若想强势，必须成为创新国家，尤其是创新市场的国家。这一点是中国的短板，也是知识劳动的用武之地！

创新劳动与虚拟金融市场存在的价值

仅仅有创新劳动而没有交换创新劳动的市场，创新劳动是发展不起来的，仅仅在国界内进行创新劳动价值交换，这个国家绝不会成为创新国家。

我以前讲过："使用价值决定价值的理论是货币异化理论的核心！"而使用价值的体现或被消费者认可是不可能离开市场的。今天的市场已经国际化了，不是一般的消费品，而是创新的消费品。

马克思不承认市场营销也是劳动，马克思没有看到高科技产品通过虚拟金融市场迅速地传播，将一个个国家变成创新国家，是他的历史局限性。如果市场交易的只是商品，对市场的理解只算是狭隘；如果市场交易的只是资产，算是同步；只有看到市场交易的是创新劳动价值，这个国家才能重视市场；如果这个市场在交换全世界的创新劳动价值，这个国家才能称之为创新国家。

现代市场经济最需要交换的是生产创新劳动产品的资产，这样的市场不仅在实现价值，很可能也在创造价值。金融市场全球化不仅是交换货币，而是交换货币背后的创新劳动价值，从这个角度去理解市场，理解使用价值决定价值。理解金融市场全球化可能更容易、更深刻。

举例：一个商品是否具有使用价值，在旧的经济时代，或曰倒退二十年，可能很好认定。一旦被市场认定具有使用价值的商品它的生命期可能有很多年——可以慢慢地折旧，从容地折旧，因此它的价值长期存在。但在新经济时代，在创新劳动引领劳动力价值交换的年代，一个商品是否具有使用价值可能在转瞬间就彻底变了！很多商品失去使用价值并不是因为它老旧了，而是因为它不时髦了，而这种观念上的"老旧"过程与该商品设计时的使用老旧周期预期，可能只有十分之一——也就是说，东西可能还是新的，没有用了，或者不时髦了。

最典型的就是苹果手机！苹果手机进入中国已经换了好几代，每一代产品仅仅有几个创新，就是这几个创新使得追逐时髦的青年男女神魂颠倒，有的人基本是一年要换一部手机。苹果手机淘汰率高且快，但它的市值却在连年上升，为什么？全球虚拟金融市场使它的影响力不断地上升，反过来倒逼它不断地创新——绝不能让中国企业超过它。

在现代市场经济条件下，产业转移很重要，它是指全球范围的转移。绝大多数人都认为，股票是虚的，属于虚拟资产。错了！它所代表的实际资产正是企业的生产线，它们正在创造价值，但与国际市场相比较，它们创造价值的能力是在提升，还是在降低呢？如果一个企业的生产线所生产的产品能够营销到全世界，它的股票就会被全世界追捧；相反，一个企业生产的产品可能被其他创新劳动产品所取代，这个企业的生产线是无法转型的，但它的股票却可以时时流通转让，投资者会跑得无影无踪。这个市场行为说明：时时流通转让的股票能够担当起创新劳动孵化器与检验创新劳动演变轨迹的职能——淘汰落后产能的职责。市场是这样的神奇,你说,这个市场是虚拟的,还是实实在在的呢?虚拟金融市场使得许多企业由于股权变更导致企业转型,如果这个市场是全球化的,创新劳动的敏感性将大幅度地提升。

我曾经提出过一个重要观点:实体经济与虚拟经济是很难划清界限的,这一点在股票市场中体现尤其经典。股票之所以能够买卖,是因为有直接创造价值的实体经济存在,但如果只有实体经济,而不能自由买卖代表它资产价值变化的股票,市场则不会很快发觉实体经济是不是已经存在泡沫,企业更不知道。股票买卖发现资产价格,价格波动反映资产价值含量变化。合理的股票价格反映实体经济的经营价值和盈利前景,是市场有效配置资源的前提——股票价格波动预示着实体经济的创新价值含量变化以及是否该快速折旧。实体经济是虚拟经济的基础,虚拟金融市场则使我们更快更早地预知实体经济是不是已经从"虚拟"变成"虚空"。

商品交换需要跨越时空,资产交换也要跨越时空,如果说,商品交换市场是实体经济,说资产交换市场是虚拟经济,说不通!更何况,当虚拟金融市场为实现资产、资源跨时空流动提供快速成交的条件后,其价值实现、价值转移的功能本身就是生产力——没有这样的市场,西瓜只能卖香瓜钱。在创新劳动引领劳动力价值交换的新时代,扩大企业股权融资,促进企业并购重组,优化资源配置,是虚拟金融市场的最重要责任,它的好与坏,直接决定实体经济的健康程度。

货币异化理论着重指出货币的储备功能,由于创新劳动能够创造巨大的价值量,由于人的自然寿命延长需要储备极大的价值量用于养老储备和远期消费，因此，劳动价值转为储备价值是新常态，货币的价值尺度功能很可能低于（货币）储备功能。同时，作为企业，不可能将所有现金都投入到现实的资产上，为了创新，为了避险，必须保持现金与轻资产的流动性，这种流动性很大比例将转为储备资产。这如同我们每一个家庭都不可能吃光花光，如同国家必须有外汇储备、黄金储备。货币的价值储备功能很可能将超越货币的价值尺度功能。由于储备货币肯定是最不合理的，因为货币资产不能保值增值，因此，绝大多数财富的储备都必须在投资项目中。对绝大多数人来说，如果既要考虑到安全，又要考虑到流动性，考虑到保值增值，就要寻找最好的投资品市场，追逐创新劳动。国家的职能就是为投资者建立这样的市场。由于一两个市场总是不安全的，因此需要虚拟金融市场体系，由于储备在一个国家也是不安全的，因此需要在全球虚拟金融市场搞鸡尾酒式的投资，像水一样流动。于是，虚拟金融市场的重要性就体现出来了，金融市场全球化的重要性也体现出来了。劳动异化引发货币异化再引发市场异化，虚拟金融市场货币流动性总量将大大地高于实体经济市场总量，汇率越来越重要，买卖汇率也越来越重要。

第六章 观念决定成败
——新经济时代的投资逻辑

资产配置荒是伪命题

2015年底到2016年初,中国经济学家群体最时髦的话语是"资产配置荒"。对此,据路透公司测算,2015年全球外汇期权交易量同比增加166%,而据知名外汇行业网站LeapRate统计,根据对诸多顶尖零售外汇经纪商的调查,2016年1月份外汇市场又成为全球投资者的主战场,而且是"大获丰收"的月份,当月外汇交易量较过去数月又大幅攀升20%—30%。

不错,由于全球经济下滑,尤其是中国经济下滑,全球传统的主要投资品市场都不景气,处于"套人"的大环境中。中国投资者更是经历了买什么、赔什么,投什么、套什么的恶劣环境。诸多新兴产业尤其是与互联网金融相关联的投资更成为"毁人"最快的陷阱产业——大量P2P公司陷入"诈骗门",很多所谓创新企业开张不久即倒闭,新三板成为重灾户。对大资金来说,2016—2017年投资什么领域是大难题,对中小投资者来说,股市还能不能进,要不要转战其他投资领域也是大难题。但我要告诉大家,所谓资产配置荒,是个伪命题!

所谓传统投资领域,一是股票市场,二是大宗商品市场,三是更加虚拟的外汇黄金市场，它们约占传统投资市场的90%。在中国，中小投资者包括很多机构投资者，主要投资的领域是股票市场。传统投资品市场主要靠做多赚钱，因此格外期盼牛市，但现代投资品市场却是做空、做多博弈的市场，既可做多，也可做空。2015年全球外汇市场交易量为什么暴增，2016年初为什么更加火暴，很大程度是因为市场波动率加大，利用期货对冲的交易量大增。中国至今没有成熟的外汇市场，绝大多数投资者只能做股票、投资房地产。这两大市场遭遇严冬，机构分析师炒作资产配置荒实际是他们缺乏全方位投资市场判断的挡箭牌。

从全球范围看，股市进入熊市周期的可能性很大。欧美主要股票市场在经历了7—8年的大牛市之后，自2015年2季度后出现分化、震荡，2016年初开始大跌、暴跌。从技术面分析，这样的大跌短时间内不会出现牛市。大资金短线选择的主要方向是逢高卖出，而不是逢低配置。中国股市在跌破"股灾底"后，虽然春节前守住了2620点大关，但上方阻力重重，短期难现牛市，预计需要休整两年，休整期间的最高点在4000点下方，而且很难做——想跑的人太多，空头机会远远大于多头机会。新兴市场经济国家股市更糟糕，主要原因是"单肺经济"对它们打击太大，预计每一次反弹都是"解套"机会，绝大多数投资者想的是解套，而不是赚钱，像前几年那种动不动就上涨一倍、甚至几倍的股市包括股票已经很难寻觅。

资产配置荒为什么在中国被炒作，主要原因还是对中国经济没有信心，中国发改委刚刚宣布：2016年的GDP增长指标是

6.5%—7%。按照这个指标,大行情没有,小行情应该有。很多人说,2016—2017年宏观经济的新增长点很难找,因此股市很难做,房地产市场也缺少投资机会。但我以为绝不是!中国有近14亿人口,农村和城市贫困人口有9亿多,超过美国、欧盟和日本人口总和。很显然,只要适度扩大对中国农村和城市改造的投入,提升9亿贫困人口的购买力,启动中国内部消费市场,就可以获得平稳增长的动力。更重要的是创新,庞大的中产阶级的确存在消费饱和的现象,但他们对创新产品的追捧,可以反过来刺激生产的增长。工业4.0时代已经到来,就看我们能否抓住。

未来两三年,农村将成为中国最大的消费市场,同时也是最大的投资市场,农业以及新农村建设将是国家最主要的投入行业,而在农村土地流转试点扩大以后,很可能出现一个极大的土地市场。这个机会可以用"千载难逢"来形容。

中国的外汇市场肯定将在2016—2017年度正式启动。2015年,中国有管理的外汇市场交易量达到110万亿人民币,比上年差不多,其中交易量高增长的时期在8月11日以后。很显然,人民币汇率主动调整,使绝大多数企业感受到汇率波动的压力,这种压力转为动力,就是增加外汇市场的及时买卖,包括对冲。但交易量数据告诉我们,它远远不能适应经济全球化的需要,与人民币走向世界的要求,还有很大距离。严格地讲,中国目前还没有外汇市场,外管局对外挂牌只是"外汇交易中心",这个中心的交易者是被严格控制的。市场交易者稀缺,使它不能实现人民币市场化的功能。2015年中国外汇交易中心的交易量只相当于全球外汇市场交易量的1/200。我相信，随着人民币正式入篮日期的临近，中国央行包括外管局比谁都急——必须加快建立与国际市场接轨的外汇市场。

中国投资机构还在天天喊资产配置荒，它们完全忽略了两个巨大的市场正在向中国投资者招手的现实。未来几年，中国的投资机会很多，我甚至可以预言：全球最大的投资品市场在中国！

股票市场一定有小牛市

2016—2017年度中国股票市场以调整为主,没有大牛市,但小牛市仍然有机会,尤其是创新型企业以及混合经济所有制改革试点企业,股票有机会翻番。

羊年是中国股民"梦碎"的一年,但查验一下股票市值,除非你是加了杠杆,除非你是坐过山车,应该有一点点收益!据统计,2015年初,沪深两市共有2625家上市公司,总市值为43.67万亿元。截至羊年收盘(2月5日)沪深两市总市值为44.32万亿元,比羊年伊始增加了6500亿元。剔除188家新上市公司的市值,2625只老股的总市值只有42.34万亿元,比羊年之初减少了1.33万亿元,并不可怕。但从羊年全年的走势看,沪指冲高回落,最高见到5178.19点,最低见到2638.30点,最终收在2763.94点。绝大多数股民账户跟着市值坐了一次过山车,大约八成股民被"剪羊毛",其中大约有3成账户巨亏。

经过测算,绝大多数股民被套的点位都在国家队进场救市的点位附近,也就是3500点上下。但从3500点下跌到2638点的过程中,绝大多数股票都被腰斩,这也是很多股民巨亏的原因。由于绝大多数投资者深套,解套行情将非常复杂。但我认为:关键点在确认底部!

很多人说，欧美股票不会像中国股市那样暴涨暴跌，其实未必。全球股市包括所有投资品市场都有一个潜规：没有足够的上涨空间，也要砸出这个空间！尤其是对拥有股指期货做空动能的主力来说。因此说，股票市场不好投资是假的，只是看你会不会做空！

对大资金，尤其是超级大资金来说，没有看到百分之百的上涨空间，也要砸出百分之百的空间，然后才能考虑是否买进。中国股市已经体现出这个特性，未来将更加残酷。中国股市不是散户太多，而是散户思维太顽固，制度设计又不容许中小散户做空！实际上，大机构在中国股市已经成为主力，或曰主导力量，他们在股票市场中赚钱与散户完全不一样，他们绝不是通过持续地买股票赚钱，很多时候恰恰相反，买入股票的目的是卖出股票，同时做空股指期货，由于股指期货市场的高杠杆，他们来钱可能更快。

我过去曾反复提醒：中国股市是暴涨暴跌型。这一点，所有参与中国股市投资的投资者应该有体会。而自从有了股指期货市场，股市的暴涨暴跌现象更加极端，更加肆无忌惮。中国股市的波动率以及波动频率越来越快，堪称全球第一。据我观察，中国股市庄家已经从传统的盈利模式——通过长期建仓、震荡洗盘、吸足筹码、缓慢拉升、急速拉升、散布利好消息、逢高出货的模式，转到了高度配合股指期货市场，依靠量化对冲模型赚钱的模式——通过对冲机制，电子操盘，快进快出，每天都大赚，这种模式未必需要股市上涨，下行时一样赚钱。我曾经与一家专门做量化对冲模型的基金老板聊过，他告诉我，股市上涨，未必赚钱，我们需要的是比较大的波动率，电子盘自动交易就喜欢波动率，配合量化对冲模型，赚钱更快，尤其是在下行空间很大的时候。

这样的基金完全学习欧美大机构，已经成为中国股市庄家的主流。中国股市半年内发生三次股灾，说是证监会有内鬼，券商有内鬼，其实绝大多数内鬼都是要赚大钱。中国的金融乱象已经到了猖獗的程度。券商、基金，包括上市公司，都可能有内鬼。但关键点不在这，没有好的制度设计，拥有技术优势、信息优势、人才优势的这些大庄家，永远是"鬼"。股指期货市场的准入政策限制，使得这些魑魅魍魉有了天然的盈利优势，它们买股票的目的并不是通过股票上涨赚钱，而是通过卖出股票，散布利空消息引发恐慌，然后在通过大肆做空股指期货赚大钱。有意思的不是散户，而是国家队。庄家的这种盈利模式，中小散户很难参与，国家队应该是强项，如果真的想对付隐藏在券商、基金中的魑魅魍魉，只要强拉股指期货即可。看一看我上面描述的中国央行对阵离岸市场做空人民币的一伙，两三天就取得完胜。因此说，不要急，大型基金或者金融巨鳄宰杀中小散户，但他们肆意妄为，也会成为被宰杀的对象。

中小散户不是没有希望，而是如何判断大势——到没有到底部。

我在2015年12月发布了一系列文章，公开说：2610点附近是中国股市的大底！有几个人敢信？其实，如果了解中国政治经济的大趋势，对技术面也有把握，应该看到：股市再跌，将走向反面——引发国家队大反攻。

大机构做空股市需要收敛，这一点他们比中小散户的确敏锐。

中小散户怎么办？要熟悉了股指期货市场，虽然没有使用对冲工具的便利，但可以看准庄家弱点，他们从什么时候开始掉头，从肆意做空，转向震荡市，中小散户是能够通过波段操作赚钱的，毕竟中小散户的灵活性要比大机构强很多，船小好调头。

由于中国股市的暴涨暴跌特性，加上它的新兴市场经济特性（起伏很大），对对冲基金有机会，对中小散户也一定有机会，而且我相信它的波动幅度可以有几次高抛低吸的机会——只是难度加大，不适合上班族了。

中国股市在不到半年的时间内三次发生重大股灾，已经成为全球投资者的"最怕"。从历史角度看，这样的大跌，想要恢复元气，需要时间。从这个意义上说，股市已经不是大资金包括中小散户实现人民币资产保值增值最佳的资产池，但如果说股市永远不是配置中长期资产的最重要投资品市场还早，尤其是非常缺乏虚拟金融市场做资产池的中国。我相信，非常多的闲置资金没有地方去，无论是主动还是被动，会有越来越多的人再度进入股市。我能够奉劝的只有一句话：你如果不懂得现代资本市场，不懂得股指期货以及对冲机制，不懂得你的对手是量化对冲模型，你最好谨慎一点。

大宗商品市场也有机会

股市凶险,大宗商品市场更凶险,它的波动率与黄金市场类似:要么不动,一动就是大涨大跌,甚至暴涨暴跌。这个市场中小投资者绝不要玩,但很多企业却不得不被动参与——因为他们需要对冲保护。但是,据我了解,近几年做大宗商品的大型机构以及企业,亏损面很大,因为他们不懂得,为什么曾经疯狂之极的铁矿石,能够从近200美元一吨一直跌至50美元一吨,而且还会下跌;更不懂得,曾经被炒到140美元一桶的原油,怎么能够跌至30美元以下,而且还可能下跌?难道全世界尤其是中国人对大宗商品以及能源品的需求一下子全没了?

首先,我们必须认清虚拟金融市场的残酷性。凡是带上金融的帽子,就是暴涨暴跌型!没有空间,必须砸出空间,拉出空间,大宗商品市场相对外汇市场还是小盘股,尤其是黄金,庄家在其中的手段更多;第二,我们必须看到中国的高库存在制约着大宗商品,包括能源品的上涨。涨不上去,自然还要砸!

其实看一看钢铁的价格就明白,现在中国市场上的一吨钢材已经卖不到一吨白菜的价格,一吨钢材的利润更是连一根冰棍都没有了。为什么呢?钢铁厂太多,库存的铁矿石太多。

最极端的例子还是原油期货。在全世界都在炒作"能源危机"的时候，原油被炒到140美元一桶，当时几乎所有的分析机构包括媒体舆论都在说，未来不久，原油将上涨至200美元一桶。中国政府在前几年与俄罗斯签署的一系列原油天然气采购合同，都恨不得一下子签（锁定）50年，而且的的确确也签了50年，价格都在100美元一桶以上，合同期内不能变！中国政府从2001年开始建立"战略石油储备工程"，原则就是越跌越买，直到将国内所有的战备库存都装满，还要租用海外的仓库，目前已经在4个国家设立基地储备原油1243万吨，相当于大约9100万桶。而国内储备的原油则是这个数字的十倍。

中国一个劲地增加储备，国际市场原油价格却一个劲地下行，中国储备原油（包括储备五十年不变的采购合同）最多的时候，正是国际原油价格处于高位的时候，综合计算的进口价大约是每桶80~100美元，而当中国政府已经没有地方再放这些"不易储存"的原油时，国际油价开始大跌。2015年10月，我在青岛讲课时还看到几十艘大型油轮排队靠岸卸货，而这竟是中国政府储备原油的"强弩之末"，随着国际市场知晓了中国各地已经装满了原油，中国政府也没有钱再多买了时，原油价格开始暴跌，由此引发大宗商品市场跟着暴跌。很显然，近两年投资大宗商品市场，或曰做多大宗商品包括原油，投资者损失惨重。

从中长期看，由于中国的库存太多，大宗商品市场包括能源品市场很难出现牛市！一个迹象就是：原来中国发改委制定的所谓的"成品油价格定价机制"已经"作废"，根据中国发改委的最新规矩，未来中国的成品油价格上限是每桶130美元、下限是每桶40美元，市场价格仅在这个区间浮动。也就是说，即使国际原油价格高于每桶130美元，或者低于每桶40美元，中国市场销售的成品油价格也不超过上下限。其实，发改委规定的仅仅是下限，因为国际市场原油在未来很多年也不会回到130美元一桶了。

为什么？不仅是库存！我在2012年与关清友先生合著的《能源金融》（人民大学出版社出版）一书中已经明确地指出：高油价的时代已经终结，能源品创新，尤其是美国页岩气革命，包括中国巨大的页岩气储量将一直压制能源品市场大幅度反弹的炒作（只要出现较大幅度反弹，就会被压回来），而美国政府同意能源品出口后，亚洲开始进口美国能源（包括中国、日本、韩国），能源市场的博弈将长期有利于空头。更重要的是，传统能源市场份额正在一点点被新能源所替代。近代人类科技创新的重点不仅指向了新能源，而且很多重大成果都将在近些年生产出产品，新能源很快将改变能源消费与供给的大格局。

能源市场的大变局提醒我们，传统大宗商品市场也将受到新经济以及创新经济的影响，新材料革命已经开始，成本控制成为企业的生命线。新型工业对大宗商品的依赖度会逐步降低，人们平均消费的大宗商品也会逐步降低，比如汽车是钢铁消费大户，未来的汽车将越来越轻，使用的钢铁会越来越少。这个技术革命趋势，也将压低大宗商品市场的上涨空间。

但是，虽然国际原油价格已经跌至每桶28美元以下，虽然沙特、伊朗声称，它们的原油开采成本只有几美元，但今后一段时间能源品消费的大宗还是原油天然气，只要中国经济能够重新走向快速增长，中国汽车市场，取暖市场必将进一步扩大，我相信国际市场将重新炒作"中国因素"，大宗商品市场不会长期低迷，中国成品油价维持在每桶40美元以上的时间会很长，因此没有必要为中国发改委目前的政策"吐槽"太多。

  国际大宗商品市场仍然具有投资机会,尤其是绝大多数人都很悲观的时候,一带一路拼什么?不仅是钱,要靠钢铁——需求会上来,紧盯一带一路吧。所谓资产配置荒,其实就是另一种恐慌,说这种话的经济学家越多,说明市场越可能已经接近底部。我不相信原油能够跌破25美元一桶,因此,写这本书的时候,也需要预言一下,可以在28美元一桶附近逐渐地买入原油了。至于大宗商品市场尤其是铁矿石、铜、铝等,还要等一等,因为中国经济可能要经历一场非常痛苦的大调整——去产能、去库存的确对资产配置提出了严峻课题,因为中国经济肯定没有见底!但在这种时候需要冷静,不能再度大肆做空。记住,绝大多数人,都是错的,市场很多时候也是错的。

中国最大的"产能"是房地产（相关产业）

人民币资产，重中之重在于国际市场定价，这很可能是"汇率理论"的核心。以前不讲汇率，因为大规模的国际资产买卖对中国来说很陌生——人民币市场的封闭运行，保护了人民币。中国经济还需要调整，要下决心去产能、去库存、去僵尸企业。"三去"与房地产价格下行是不是一回事，很可能！过去多年，中国最大的产能基本上都是为房地产配置的，最大的库存也是房地产。什么样的房子绝对卖不出去？难道大幅度降价也卖不出去吗！很难理解？但想一想为什么100年前，牛奶的生产商会把牛奶倒进海里你就会明白。第一，房地产绝不能贱卖，因为贱卖会压低整个市场行情，导致所有的房子（牛奶）都亏损——减价销售有极限；第二，（现房）无法长期保留，因为借款太多，利息负担很重，库存的成本更高；第三，房子也是消费品，而任何消费品都存在一个更新换代的问题。今天生产的房子如果很多年都卖不出去，新（款）的房子来了，谁还会买老旧的房子。房子会老旧吗？很可能。我一直强调，未来的商品房一定是宜居的、环保的、节能的、宽敞的。

房地产去库存，意味着三两年内中国经济很难高增长，除非想出绝招——因为房地产去库存的周期会很长，相关产业链都会受影响。

中国经济过去的高增长，很大程度是依靠房地产行业拉动，几乎所有的制造业都与房地产行业高速发展预期相配套，也就是说，国家、地方政府，包括老百姓的巨量投资都与房地产相关。有一句话很正确：市场不怕有泡沫，甚至不怕吹泡沫，就怕这个泡沫吹得太快！我要加上一句，商品不怕具有金融属性，就怕这个金融属性已经改变了商品的消费属性。中国的房地产市场，（金融属性）很典型！

房地产行业在过去25年里以惊人的速度增长，不仅是从无到有，而且是急速膨胀。26年前，中国的国家"资产负债表"房地产价值几乎为零，现在是150万亿左右。如果将它与居民金融资产相比较，不仅数字增长太快，而且比例完全颠倒（远远超过居民存款规模）。更重要的是，房地产行业是浪费与低效最严重的行业，基本上属于畸形。

要想使房地产行业软着陆，必须尽快调整房地产政策。

中国央行的资产负债表在过去十几年一直处于膨胀周期，不断增长，庞大到全球第一，但在2015年却突然收缩，必须引起注意。资产负债表收缩，意味着宏观经济环境将发生巨变，造成的最大影响就是泡沫破裂。当前，供给侧改革所开启的去产能、去库存、去"僵尸企业"的"大动作"不仅是经济下行周期最猛烈的阶段，也是整个投资品市场结构性调整的最猛烈阶段，2016年中国经济将经历凤凰涅槃。

这句话怎么理解？不仅是房地产相关行业将经历阵痛，不仅是宏观经济还要下行，更重要的是整个投资品市场将出现结构性熊市！

市场的调整可能很迅猛，但一步到位的可能性不大，中国经济不是纯粹的市场经济，尤其是它的经济结构，对像中国这样一个庞大且极端复杂的经济体来说，下行的经济周期很可能与深化改革，尤其是结构转型相伴随，工程浩大，周期有可能延长，其间挫折难免。对投资品市场来说，就是震荡难免，牛市难现！房地产市场崩溃不会，熊市难免！

中国投资者走向世界，是大机会！

所谓中国模式，一个最大的与众不同之处，就是政策面模糊！不仅房地产政策模糊，人民币战略也模糊，股市政策更是模糊。为什么美国财长要直接跟中财办主任刘鹤通电话，沟通中国的货币政策？为什么国际货币基金组织主席会直接批评人民币汇率政策完全不透明，奇怪吗？大家都着急，担心人民币汇率暴跌，担心中国经济把全世界带到沟里。但是，劣势能够转化为优势。政策不可能永远不透明，一旦政策逆转，市场的活力就来了。

我预计，中国经济不会把全世界带到沟里，中国央行不说人民币汇率政策，那是因为它不知道怎么表达才会让市场相信；房地产政策肯定调整，但要等待更高级别的决策，包括一带一路规划能不能在2016年启动；股市没有大行情，未必没有阶段性、结构性行情。中国深化改革过程的确很痛苦，但前途以及路径不是崩溃，而是凤凰涅槃，是重生。我的基本判断是：所有投资品市场不会出现崩溃型走势，由于中国股市已经接近崩溃，因此其下行空间基本被封死了。

我仍然预计，未来（2016年—2017年）人民币汇率将在6.9上下维持震荡，如果不出现极端情况，人民币汇率的中轴线在6.6附近——当然，如果极端情况出现，人民币汇率很可能看到8.3。中国仍然是最可能出现黑天鹅事件的国家。预计2016年两会以后，供给侧改革会发力，因此，中国经济的最低点很可能在三季度出现。2016年下半年一带一路会发力，深化改革也应该有起色——能不能转危为安，就看下半年！如果宏观经济好转了，人民币汇率下行空间会小一点，但也要调整，不好，则可能更要守住，不能失控，主动的急速调整，应该是在宏观经济企稳以后。会不会暴跌？影响因素很多，不是主观能够控制的——所谓要适应中国市场的大幅度波动，应该是"真话"，也是我们必须防范的场景。

人民币汇率在2016年上半年企稳是大概率事件，届时股市也会企稳，虽然牛市还早，低位震荡是主要特征，但两会以后应该有结构性牛市。这样的股市——结构性牛市——对机构是很有利的，因为它们掌握的股票信息更多，与上市公司合谋的机会也更多，但中小散户比较难办，他们买进的股票很可能不涨，甚至会深度下跌。如果考虑到未来要去"僵尸企业"，中国股市的退市机制也很快将启动，那时候就不是以前那样了——只要捂住股票早晚能回来，未来——注册制推出之后——有些股票不仅不能回来，而且可能"没了"。

外汇市场投资相对于股市、大宗商品市场投资有很多优点，而最大的优点可能就是自己主宰自己命运，而且做中长期投资很安全，长期持有基本不会赔钱。

举例，投资股票就是投资上市公司，公司没有百年老店，创新型企业死得更快。未来上市公司破产退市都很正常，如果一家公司破产，股价能跌至零，致使你的资产一文不值。而投资外汇市场是投资国家，除非发生战争，一种货币的价值绝不会降至零，尤其是大国货币。在外汇市场中，最坏的情形是货币严重贬值，它可能源于金融危机，也可能源于一国债务违约，但我们预测一个国家正在走向危机肯定要比预测一个企业是不是走向破产简单得多，起码国家的透明度会很高，而企业基本没有透明度。对于那些透明度很差的国家，你不要随意买入就是了！即使是你买入了风险很大的货币，比如说，在欧债危机之前买入了欧元，一段时间以内欧元汇率曾经大幅下滑，但它绝不会像股票那样价值跌至零，而且没过两三年，它的汇率又回来了。

我不是说外汇市场风险很低，相反，短线看，外汇市场的波动率是全球资本市场中比较高的，但正因为波动率大，这个市场的流动性才好，参与者才众多，机会才更多。目前，全球外汇市场每天的交易量已经超过5万亿美元，也就是说，大约两天的交易量就等于全世界一年的进出口商务贸易结算总量，没有一个投资品市场比得过它。外汇市场的高风险仍然属于可控的风险。波动性大并不等于暴涨暴跌。事实上，外汇市场每一个主要货币对的波动率每日波幅很少超过1美分，这也是为什么外汇市场都必须引入期货，引入保证金交易的原因。没有杠杆，外汇市场就没有吸引力，而恰恰是分级的高杠杆，使外汇市场充满吸引力。

全球外汇市场可以说是最成熟的市场，由于交易量巨大，使得交易成本可以降至极低。相比其他市场，外汇交易的佣金非常低。很多货币对能以1个点的点差买卖，也就是万分之一。现在互联网交易非常方便，国门也形同虚设，在香港等地做外汇买卖，几百美元就可以开户了。

遗憾的是，就是这么近，这么方便，参与外汇市场投资的中国人却寥寥无几。为什么？因为政府迟迟不愿意开放外汇市场，不认可外汇市场的投资功能，导致中国投资者懂得外汇市场的人太少，没有赚钱效应，自然缺乏吸引力。我相信，未来不久从事外汇交易的人会越来越多，更何况，人民币要走向世界，一个与世界接轨的外汇市场很快将在中国出现，投资者选择外汇交易不远了。正因为此，本书还要多谈一谈外汇市场。

我对新经济时代做投资的经验

我长期在国有银行做信贷管理工作,见证过无数的企业从腾飞走向违约,也见识过无数的诈骗,教训深刻!幸亏,我长期做资本市场分析,尤其是外汇市场分析,没有深陷"诈骗门"。为什么我主张投资者要多学习,尽快参与外汇市场投资,很大程度是担心中国投资领域的"诈骗门"。

我在外汇市场投资领域应该说是有建树的,早在十五年前就提出了"鸡尾酒式的外汇储备与投资理论",大约在十年前又提出"超技术派分析与实战理论",包括我研究的独家秘笈"沟壑图形理论"。应该说,我是研究虚拟金融市场的专家。但我始终认为,做投资,首先应该是做实业投资,只有在实业投资真的陷入"资产配置荒"的周期时,才能更多地关注虚拟金融市场投资——当然,实业投资也要越来越与虚拟金融市场相结合,包括对冲。那么,目前阶段,中国是不是已经没有很好的实业投资机会了呢?

可以肯定地说,传统产业尤其是与房地产相关联的产业暂时没有好的投资机会,它们都处于"去库存"周期。新兴产业对一般的投资者来说门槛是很高的,很难找到真正的好项目。但是,中国大得很，项目多得很，实业投资未必是一投就死，相反，大机会有的是。

前几天我到一个风景区游玩，看到一个景区房产项目，它卖得就不错。我遇到一个远道而来的小老板，他居然一下子就在这个小区买了五套房（景区房都不大）。问其原因，他说："这里空气质量非常好，水质也是一流，我来了两次，看到这个小区的业主素质都很高，周围的老百姓也很质朴，判断这里一定是宜居之地，因此买几套，自己可以住，旺季出租也有收入。"的确，在中国几乎所有的大城市都被拥堵、雾霾、水质低劣、食材不自然所困扰的时代，远离大城市，在交通方便的乡村附近购置休假住宅，很可能是房地产行业未来的方向，也是中国经济的一个增长点。更重要的是它"距离农村"不远，距离中国最后一块投资品市场不远！

我在上文中曾经强调：中国最后一块投资的热土可能就是农村，不仅是购买土地，不仅是未来的"土地改革"将使农村土地大幅度升值，更重要的是农村的自然环境、原生态的食材，以及历史沉淀的文化底蕴等，都有极大的开发潜力，适合大资金进入。比如城里人天天要吃的食材，绝大部分都是"有毒"的，必须定期清理，怎么清理？到农村，吃农家乐；比如城里人呼吸的空气绝大多数都是不清洁的，需要不时地到农村去"洗肺"。未来的乡村旅游前景广阔，不仅是看风景，还要回归自然，享受天然，因此到农村去必将成为人类寿命越来越长后的主流选择，不仅是到农村去耍，还要到农村去住，未来城里人想活得越来越长，恐怕必须住在农村。

我与很多到农村开发的老板聊天，他们一致认为：未来投资农村肯定会赚钱。我在农村调查中也切身感到，国家目前非常重视农业转型，农村未来致富已经不再依赖传统农业，而要综合发展。资本与未来农业相结合，可能是一个大的投资方向。我甚至认为：当前国家的精准扶贫政策以及十三五规划期间必须彻底脱贫的指令，很可能是大力投资农村的又一次商机。扶贫要取得长效，要彻底地消灭贫穷，恐怕不是简单的给钱，而是要为农村创造致富的机会。什么机会？越是贫困的地区，往往越是山清水秀的景点。问题是"偏远"，交通不便，城里人没有去过，甚至没有听说，因此也得不到开发机会。当前，国家的扶贫政策主要集中在交通投入，同时鼓励城里人到山村开发旅游项目，通过修路让青山绿水与火红的日子联系在一起，通过资本与精准扶贫连接在一起。

比方说，古代都说贵州地无三尺平。即使倒退两三年，贵州的很多县城都没有国家级公路，结果是，全中国就知道黄果树瀑布——其实，贵州省类似黄果树的地方很多。现在的贵州已经实现县县通高速，村村通公路，很多偏远的山村，也要修公路。我实地考察过，哪怕是只住着一两家人的山坳，也在修公路，为什么？旅游。贵州是中国的天然氧吧，到处是景点，有了高速公路，还怕城里人不来？不仅要来旅游，还要来开发旅游资源。公路就是财富，政策就是人民币！为什么？公路一通，山里的原生态食材就可以运出来，城里人就可以驾车到山上来观风景，有钱人来多了，自然会对青山绿水感兴趣，于是到山里搞文化旅游开发的就多了，农民就地就业，农业劳动变成服务业劳动，生产力有了极大的提高。我一直对农村干部讲：扶贫要与资本相结合，没有富人，穷人会更多，富人来了，城里人来了，精准扶贫的政策就落实到位了，扶贫的长效机制也就建立起来了。青山绿水不能搞大开发，不能搞工业，但搞旅游，对环境保护只有益处没有害处。可以预见，凡是交通发达地区的青山绿水，周边土地肯定会迅速升值，旅游文化将带动精准扶贫，农民与城里人将实现共享、共赢。现代旅游业与现代观光农业相结合，前途广阔。

除了青山绿水，农村亟待开发的是古村落的农业文化，包括挖掘红色文化，很多历史故事、革命故事，都可以在景区游览中得到发扬光大。比如我到过赤水市，到过贵州省38个贫困村之一的大同镇民族村考察。那里距离红军"五渡赤水"（其中第一渡还不是毛主席指挥，因此伤亡惨重，被红色文化选择性遗忘，只提四渡赤水）的第一渡口隔河相望。历史上，这个地方不是很穷，但改革开放以后的多少年却越来越穷。为什么？以前的赤水是"幸福水"，现在却只剩下"青山绿水"——没有了古代的航运业。这里的许多乡村文化，包括古镇文化，都没有人顾及。两年前，赤水市还没有通高速，县城到乡村，公路更是很差，民族村成为贫困村。村里有的农民，十几年都没有到过县城——为什么红军四渡赤水的纪念馆都没有建在赤水——却建在与赤水隔河相望的泸州，因为红军的后代不可能再爬山涉水。现在完全变了，不仅赤水市有高速公路了，而且贵州省已经将赤水作为精准扶贫的重点县市，同时将大同镇民族村也作为省、市两级精准扶贫的试点，政府投资几千万，修路——现在县级公路已经修到山顶了。公路有了，还愁投资不来？这里的休闲旅游、农村旅游、红色旅游正在被大力挖掘。它的附近，有几个国家级旅游景点，去年旅游收入增加了50%，民族村迎来了投资的春天——冷水沟（流经民族村的山水沟沟）将变成热水沟。我亲眼看到，就在民族村的山上，正在修建全省第一家"无动力滑翔伞"训练基地。天上是五颜六色的滑翔伞飞来飞去，山坳里面则是水上乐园，一个个农家乐正在营业。城里人一有空闲就开车来了，学生们将这里定点为户外运动基地。现在人们已经忘记了这个村子曾经是穷山恶水，而是投资热土！这里的空气质量一流，水质一流，食材一流。关键是还能体验到各种文化，包括民族文化、红色文化，一台大戏——《五渡赤水》正在筹备。戏台就在民族村山下的小水库中央。

我考察发现，中国农村，尤其是被青山绿水环抱着的山村，往往潜藏着深厚的农耕文明遗产，还有很多不为人知的历史故事，充分挖掘这些农业文化遗产，并与乡村旅游相结合，很可能会出现一个个文化创意产业。它们与乡村旅游相结合，与精准扶贫相结合，潜力巨大。城里人来农村扶贫，来农村养生，进而来山村买地，搞特色农业，人流向着农村回流，将使体验旅游、休闲旅游、养生旅游、优质天然食材开发等，成为未来的投资热点，农民也会因此致富。

最后总结一下我总结的成功人士的实业投资经验。它就是：要跟上国家政策，跟着成功人士，跟上创新思路，跟着货币超发的方向，寻觅逆周期行业，赶在时代浪潮的前头。

什么叫跟上国家政策？举一个例子：我2012年发表文章批评汕头市政府"吻增长，还是稳增长"，曾怒斥钢铁行业重复建设、产能严重过剩，必将导致极大的调整。当时非常多企业家仍然在追逐钢铁投资热，一个典型的例子就是山东魏桥创业集团公司董事长张士平先生也准备投资几个亿搞钢铁厂。但他看了我的文章后决定下马——当时已经投资8000万，后来他搞了电解铝，抓住了战机，一举成为全世界最大的电解铝加工基地，2015年实现销售2800亿元、利税170亿元、利润130亿元、自营进出口额30亿美元。他是明白人，能够看得懂国家政策巨变。及时掉头，最终避险获利。

什么叫跟着成功人士？中小投资者如何创业创新，很难，很多人说，与其创业不如待着，待着可能过的没有人家好，但创业失败，倾家荡产，一夜回到"解放前"，日子没法过。这样的例子的确不少，我身边多的是，但有一个秘诀，就是跟着成功人士创业，作股权投资，如果能做成"百年老店"，那也是一本万利，舒舒服服赚钱。比如我上文说到的赤水市大同镇民族村乡村旅游投资项目，投资并不大，它以自然山水为背景，搞"无动力滑翔伞"兼顾水上游乐加表演，由于背靠国家级风景区，因此前景很好。但为什么以前没有人投资呢？其实，当地很多领导在这个项目立项初期也是反对的，但由于牵头的是我国旅游业的专家，是曾经在九寨沟创造奇迹的"九寨天堂"的项目领头人，他对旅游行业的把握能力一下子征服了当地领导，也征服了很多投资者，领导来了劲。大家一起组合投资，众人拾柴火焰高，一下子就把项目做起来了。从项目立项到征地开发，再到开始营业，只用了两三个月时间，赚钱了！事实证明，对项目前景的敏锐把握，还是要靠经验。以前的履历就是无形资产，成功者成功的概率要远远大于普通人。

什么叫跟上创新思路？不仅是技术创新、科技创新，思路创新很多时候更重要。对于科技创新来说，绝大多数人是可望而不可即的，但生活中的许多小创新，也一样能够产生巨大的经济效益。所谓大众创业一般都是指这一类小创新以及模仿创新。

在这一点上关键是用心，要跟上创新思路，时时想着市场需要啥玩意。比如，我的一个朋友开发了一个小型太阳能充电器。产品很小，市场很大，一下子，企业就发展起来了。企业要想发展起来，需要有实实在在的科技，但关键是怎么将创新思路变成真正的产品。李克强总理说，中国可以生产10亿吨钢铁，却生产不了圆珠笔的"圆珠"。奇怪吗？没有人去想呀！创新是社会进步的一个最根本性的标志，但创新不是最终目的，最终的目的是有用，有价值，更重要的可能是创新氛围——大家都想创新。想的人多了，思路就新了，产品就新了。中国要真正能屹立于世界民族之林，企业要真正获得发展，投资者要真正获取真金白银，只能靠自己创新，拥抱实实在在的高科技——小科技也行。

什么叫跟着货币超发的方向，寻觅逆周期行业，赶在时代浪潮的前头？目前国家的货币政策不是全面宽松，而是定向宽松，是补短板，不是"救灾"，而是挖掘潜力。因此要寻找国家决心扶持的短板，货币超发最可能去的地方。比如说，旅游！在制造业几乎全面过剩的背景下，除了精密制造，高科技、工业4.0，所有大型投资很可能要冷一段时间，但国家不会容许投资率大幅度下降，尤其是跌破10%——我计算过，跌破10%意味着GDP跌破5%。维持投资率就要加大国家级投资，就要继续进行基础设施建设，要修高铁、高速公路，有利于出行，有利于旅游。这一类投资会带动哪些产业，值得研究。什么叫逆周期？还是旅游，什么都不敢投了，吃喝玩乐反而火暴了。2015年总体经济指标全部下滑，包括消费——很少见的下滑周期，但旅游业收入全国却增加了30%左右，许多景点增加了50%。这就是逆周期。

"布局" VS "破局"
——人民币改变世界货币体系的路径与困难

第七章

人民币与"一带一路"

一带一路是为什么?为什么习近平主席格外看重中东与非洲?不仅是因为那里需要中国,从某种意义上讲,中国更需要中东、非洲。一带一路的重点是"一路向西",通过中东、路经北非,到达欧洲。因此,必须打通连美国人都不敢通过的"伊斯兰墙",重现古代丝绸之路经济带的辉煌。人民币要走向世界,首先要流经亚洲,走出亚洲,走到非洲。一带一路会跟着人民币走,一直通达欧洲!

必须认清,今天的中国,相比邓小平力主改革开放时期那个阶段可能更艰难,不是没有钱,而是不知道怎么花钱——大把花钱,不能买来什么!

中国以前是很肯花钱的,即使是在中国经济非常困难的时期,也大手笔地援助过如越南、阿尔巴尼亚等国家,买来了什么?国家安全。现在又要大笔花钱,要买什么?就是为人民币走向世界铺路架桥。

人民币走向世界有那么重要吗?非常重要!再过十年、二十年,可能绝大多数人都会这么看——因为很少人能够看这么远,想这么远!

在国际大宗商品市场以及能源市场仍然处于低位徘徊的时期，中国政府动用外汇储备干大事，要比任何时候都划算。比如，习近平主席决定组建援助非洲600亿美元共同基金，以及对中东地区国家提供550亿美元借款，数量似乎不少，但与中国每年节省的购买大宗商品以及能源品的金额相比，是小头。更因为，中国这一次拿出去的外汇，只能通过境外企业买中国货才能回流国内，如果中国援助非洲600亿美元共同基金，以及对中东地区国家提供的550亿美元借款能够有一半买中国货，对减轻中国产能过剩的压力肯定有作用，更何况，这些资金绝大多数将与中国援助的基本建设项目包括一带一路计划配套。

全世界，尤其是西方国家，对中国的一带一路计划是冷眼旁观的。他们深知，这条路是中华民族的崛起之路，也是中国影响力蚕食它们势力范围之路。但它们没有办法反对，因为这样的路它们都曾经走过，尤其是美国。况且，在全球经济不景气的周期，有一条大兴基本建设之路，对大家都有好处。更由于，它们深知中国很难逾越"伊斯兰墙"。与其反对，不如等待中国碰壁。习近平主席就是看准了西方国家冷漠背后的一个个小心眼，抓住了战机。

一带一路、一路向西是中国非常巧妙的"迂回"，是借力打力。非洲、中东目前非常需要中国，尤其是在能源品市场大幅度低迷的时期，摆脱单肺经济是它们的共同愿望，工业化则是唯一一条路。此时，西方列强无心也无力，中国打通"伊斯兰墙"是千载难逢的好时机。

和平发展必须靠竞争获得，我不喜欢总是用"境外敌对势力"来遮掩我们的毛病，但也承认，今天不希望中国崛起的所谓

"境外敌对势力"还是存在的。比如，被中国一个个赶超的西方国家内心也是"醋醋"的，即使是那些昔日的战友——新兴市场经济国家，也经常会自觉不自觉地组建成共同体，与做空中国的势力沆瀣一气。对此，有些人主张通过硬碰硬的方式让西方国家包括全世界的"旁观者"群体承认中国的崛起，甚至主张找一两个刺头干一仗。想一想中国的战略方向，想一想孰重孰轻，这种思维方式显然是不合时宜的。

为什么从胡锦涛主席到习近平主席都一直强调要坚持和平发展战略？包括维持台海和平，维护东海、南海和平。既是顺应时代潮流，也是中国崛起的战略选择！有路可走，为什么要打仗？

和平发展是大战略，是不战而屈人之兵。要知道，一带一路、亚投行，有多少国家眼馋，包括日本。中国修建一带一路，帮助中东、非洲发展，甚至可以将影响力扩大到欧洲，这是多么大的战略空间——对极其缺乏战略空间的日本是多么大的诱惑。一旦一带一路成功，非洲发展了，中东将实现工业化，欧洲的许多产品都可以通过一带一路直发东北亚，这个世界将大变——想不和平都难！想不发展都难！

当我开始主张人民币走向世界的那一刻，我就判断：人类有可能告别大规模战争，实现和平发展的可能性在增强。为什么？中国因素！中国在发生历史性巨变，它从一个对外输出革命，主张阶级斗争理论的国家，变成了力主和平、力主建设、力争和谐发展的国家。人民币国际化，就是中国融入主流世界，未来即使有摩擦，也是文明间的竞争，而不会因为意识形态之争打大仗。更重要的是，中国之所以一度远离国际社会，贫穷是主要因素。经过38年改革开放，中国虽然有穷人，但绝大多数人都相对富裕了，他们都不想打仗。不打仗，但要发展，只能走一带一路，走人民币国际化的康庄大道。因此，人民币要成为和平币！

今天的世界不需要战争，更不需要毁灭性的战争。中国的实践证明，只要经济发展就能够给国民带来福利，就能给全世界带来红利。未来的发展将更多地依靠创新劳动，共存、共享、共荣，人类通过金融市场全球化进行互通互联，一带一路大家参与，何必追求对外扩张。正如习近平主席所言：太平洋足够大，容得下中美两国包括更多的国家和平发展。中国的一带一路，一路向西，就是要让"伊斯兰墙"变成没有阻碍的"太平洋"。

和平发展并不是拒绝竞争，文明之间永远需要竞争，你强，我更强，这是人类历史发展的动力，而且是新经济时代人类高速发展的唯一动力。如何竞争？如同在运动场，必须有一个统一的规则。规则可以修改，但必须得到所有运动员认可，否则无法比赛，无法竞争。奥林匹克运动是西方的，中国积极参与，也提出规则修改建议，但总体上看还是遵循西方规则。近三十年来，中国经济发展的路径选择实际也是尊重、遵循国际市场竞争规则的，人民币国际化之路更是以确认西方游戏规则为前提。中国不止一次地重申，我们将在承认全球经济近百年来所形成的一系列规则基础上参与国际竞争。2015年汪洋副总理出访美国，曾经明确地告诉美国人：中国无意另起炉灶，会按照欧美国家主导的（经济交往）游戏规则参与全球竞争。美国人欧洲人也都明确地告诉中国，发达国家会支持中国进一步深化改革，支持中国和平发展，支持人民币走向世界，这也是人民币能够顺利加入SDR的大背景。

中国希望和平发展是实实在在的，是符合中国利益的，这是人民币战略的一部分！战略意义重大，不惜想办法组织实施，而不是受干扰就变，要排除国内外的一系列干扰。

时代已经变了，中国是维护世界和平的重要力量，包括震慑力！当前，在很多场合，很多时候中国与欧美国家的声音是一致的，包括捍卫和平，尊重全球经济游戏规则。无意另起炉灶，绝不是崇洋媚外，而是为了与世界列强平起平坐。

2016年，包括以后很多年，中国将义无反顾地深化改革，力推人民币国际化。为什么？既是为了加快发展，也是要与世界接轨！"市场经济"无论是什么性质都要求市场细胞的市场化，什么是细胞？就是企业，就是市场组织。中国过去形成的庞大的、独一无二的国有经济体系所对应的只能是计划经济、政府经济，其演变模式，就是国家资本主义。按照马克思主义政治经济学，国家资本主义必然走向帝国主义，走向发动战争。这是全世界的担忧。因此，中国的深化改革，包括人民币走向世界就是要解除全世界的担忧，让更多的国家相信中国是要实实在在地坚持和平发展。

深化改革最最艰巨的任务，一是推动国有企业改革，搞混合经济模式；二是推动农村土地改革，彻底地明晰产权，建立以保护私产为核心的经济制度。它们都离不开人民币国际化开路。

和平发展的目标其实就是人类大同！人类大同是历史趋势，经济全球化，包括未来的金融市场全球化，都是在为人类大同做铺垫。人民币国际化的伟大历史意义恰恰在此。

有人可能有疑问：人类大同不是共产主义吗？的确，我们可以把经济全球化以及金融市场全球化理解为人类在新经济背景下的共产主义之路。但这个共产主义绝不是消灭私产，也不是消灭资本，而是消灭由于私有制所导致的天下不公、贫富严重分化。有人可能有疑问，为什么主导人类历史进程的不是中国模式？非要按照西方模式走向经济繁荣、国家富强呢？并不是，由中国主导的一带一路是纯粹的西方模式吗？它是由中国主导而西方必然跟随的一种发展模式！

今天，经济全球化还差一步，没有这一步，经济全球化很可能夭折，那就是在现有实体经济一体化模式下，走向金融市场全球化，不仅贸易、人员要无障碍地往来，投资也要无障碍往来，金融市场要融为一体，通过货币互换、相互投资实现你中有我我中有你。这才能保证"货币效益"的最大化，同时保证人类永远不会爆发毁灭性战争！而这个历史进程将再次由中国推动。这就是人民币国际化，人民币如果成为全球货币体系的最重要货币之一，人民币一定会再度帮助中国改变世界。

突破"伊斯兰墙"的时机到了

2016年初,习近平主席的第一次出访选择中东和非洲最大国家埃及,这是为什么呢?我以前写文章指出,必须打破"伊斯兰墙",要一路向西,通过帮助中东国家实现工业化,帮助非洲国家脱贫,以此换取这些国家对一带一路和中国高铁的支持。同时,这也是中国经济摆脱困局的妙招。人民币汇率稳定需要宏观经济企稳,稳住自己的阵地才能对外施展拳脚,它们是相辅相成的。

说实话,我虽然是坚决拥护一带一路规划的,因为它是人民币国际化的抓手,但我2015年也在香港发表文章,也认为一带一路要突破"伊斯兰墙"会困难重重。我曾经建议:一带一路最好走缅甸,因为成本最低。但在看到习近平主席出访中东、埃及,与沙特、伊朗都建立了战略伙伴关系以后,我变了,同时我通过国际市场(2016年1月中旬以后的巨变)也感受到:人民币汇率的确能够稳住。突破"伊斯兰墙"的时机到了。

什么时机?国际原油价格暴跌将突显出中国对中东产油国的重要性,也突显出中东产油国经济的单一性。他们此时迫切地需要中国。中国可以从中东进口更多原油,中东也需要中国帮助他们摆脱"单肺经济"。

中东国家以前有钱，财大气粗，不希望中国参与中东建设，现在他们没钱了，也感受到"单肺经济"的难处，想到工业化了，此时双方一拍即合，真的有意愿形成战略合作关系。如此一来，一带一路将成为中东（国家）工业化之路——这不仅仅是"借道"，一条复制历史繁华的丝绸之路经济带有可能途经中东实现了。这条路的确是中华民族复兴之路，是中亚、西亚、中东、北非的富强之路，也是使世界"火药桶"最终摆脱战争灾难之路。我预计，用不了多久，新的丝绸之路经济带将从中国的新疆向两个方向延伸，一条是走南疆线，即出红旗拉普山口走巴基斯坦，经过阿曼到沙特，再经过红海到欧洲；另一条路则是走北疆，出哈萨克斯坦或者乌兹别克斯坦经过格鲁吉亚到黑海，再进入欧洲。两条路，二选一，哪个国家与中国好，谁给的条件更优越，就先修哪条路。中国的主动性增强了，人民币的话语权增强了。很快将看到，中国巨大的钢铁产能可以少压缩一点了，恐怕要提升质量了——从钢筋变铁轨。

为什么本书的名字要取《人民币改变世界》呢？如果将人民币国际化与一带一路大规划结合起来思考，与亚投行战略结合起来思考，与中国一路向西再向东南的战略结合起来思考，应该能够明白：不仅是人民币改变世界，而且是中国改变世界！

改变世界要一点点来，先改变中国从来没有国际市场话语权的现状！几乎与习近平主席出访中东同时，上海宣布将建立国际能源期货市场，用人民币结算！我们以前不断地抱怨中国基本没有国际能源品市场的定价权，习近平主席到中东访问，干什么去了，就是与中东产油国一起讨论全球能源市场的未来。中国可以多买中东的原油，但希望更多地用人民币结算。有中东产油国的支持，我们取得国际能源品市场定价权之日，还遥远吗？而当中东大国被中国的一带一路连成一线，中东的原油通过铁路进入中国，南海问题还是火药桶吗？人民币还要看西方国家货币的脸色吗？恐怕人家要看人民币的脸色。一带一路将振兴中国经济，产能过剩的巨大包袱将由中东、非洲承接，中国经济稳住了，人民币走向世界之路是不是会更加灵活多变，更加通畅呢？

我们总是担心中国资本市场拖后腿，的确，看不到经济复苏的曙光，股市怎么会有上行动力。很多人说，要宣传中国优势，优势在哪？到处是产能过剩，到处是房地产高库存，所有的地方政府都在担心下岗潮的冲击！要看到积极因素，而且就在2016年！一带一路规划能够在2016年开始实施，对中国经济复苏意义巨大，我预计，如果钢铁大量闲置产能能够由于一带一路计划释放出20%，所谓"去产能"就要变成提高产能——当然是提高质量为主。如果钢铁厂不会大量停产倒闭，所谓500万人失业就是虚妄，起码能减少一大半压力，地方政府最担心的下岗潮有可能避免。一带一路开始实施起码会使西部城市的房地产市场压力有所减轻。更重要的是，股市中的高铁板块与地产板块能够率先反弹，对整个资本市场能起到稳定器的作用。

更重要的是，经济稳住，改革才能加速。一旦中国经济重新回到快车道，很多阻碍改革的声音都将消失——尤其是民众和普通投资者。这个逻辑很简单：一带一路带动经济成长——国有企业改革压力减轻，土地改革也将推进，人民币汇率市场将按计划建立，人民币汇率自由浮动规划照常进行。深化改革，很顺利。

中国经济一路向西，人民币加快走向世界，中国将巨变，无论是国企改革还是土地改革，都将加快中国经济市场化步伐，使中国融入世界。看吧，2016年至2017年，中国的前景广阔。

全球绝大多数经济学家包括政治家们要在人民币国际化问题上转弯子了。很多人在人民币国际化初期阶段仅仅将其看成是人民币对美元为主的国际货币体系在发起挑战，将人民币国际化政治化，"民粹主义化"，大错特错。其实，人民币国际化是源于中国经济占全球经济份额的大幅度提高，它会促进中国劳动者包括投资者参与经济全球化的程度和深度，全民参与推动的人民币国际化一定是市场化。更重要的是，金融市场全球化将大力提升全球劳动力价值交换的"水准"，即含金量。全球金融市场将成为全球创新劳动力价值交换的平台。中国有大量高素质的劳动者，他们参与国际市场交换将引发中国经济的创新大赛，推动创新国家的实现，进而推升全球经济更快发展。不要只看到货币竞争并把文明之间的竞争夸大为战争，完全相反，它是创新，是福利。人民币国际化不仅是中国的，也是世界的，人民币改变世界。

拉着日本、韩国一同向西建立经济圈

中国一路向西，开始一带一路战略规划的具体实施，其实是"声西击东"，用巨大的现实利益拉住韩国，再带动日本。当然，其最难之处，也是带动日本。

很多人以为，这可能又是天方夜谭，痴人说梦了。未必！首先，中日间并非没有友好过，第一轮改革开放之初，中日关系友好的程度远远超过今天的中美关系。若想恢复中日关系，利益可能是第一位的。以前是中国需要日本，未来可能是日本需要中国，尤其是看到一带一路规划具体实施之后！中东工业化，一带一路从中东国家穿过，原油天然气的输出输入将改为走铁路，这就引发全球战略格局包括地缘政治版图的大变化。南海、东海的战略地位相对下降，台湾也没有条件再跟大陆叫板，此时，一带一路将像一块巨大的磁铁，吸引日本靠近中国。

客观地说，中国的一带一路规划也需要东亚资金，包括技术。一带一路可能要花费几万亿美元！光靠中国不行。现在中东主权基金已经告危，未来参与一带一路的资金需要全球筹集。

人民币走向世界，初战告捷已经赢了日元第一拳，日本是心不甘，国内右倾以及民粹主义泛滥。但也要仔细想一想，长期与中国对着干，成本与收益，是否合算。日本嘴上不说，其实对中国经济高速发展一直是"醋醋的"，现在看到中国借一带一路再度起飞，恐怕光是"醋醋的"已经不行，要融入进来。

日本是个复杂的国家，也是一个神奇的国家，是一个勤劳勇敢的国家，也是个勇于面对现实的国家。它在二战中的历史责任是负资产，坚持这些负资产只会使日本距离世界越来越远。以前日本依靠美国，借助冷战迅速崛起，现在冷战没了，美国自顾自也困难，它一方面在继续利用日本，一方面也在提防日本。日本人应该懂得！美国因素重要，还是中国因素重要！

日本国民素质非常复杂，这是地缘政治所决定的，但日本毕竟是亚洲国家，亚洲将决定日本未来。亚洲在哪？一带一路首先将改变亚洲地缘政治版图，它的中西部将成为重中之重，日本必须向西！韩国是肯定会跟着中国走的，日本也不会执迷不悟，不会被极端民族主义所裹挟，它会变。在新经济时代，日本的野心必须收敛，因为野心除了回忆过去的"辉煌"，一点用处都没有。日本已经彻底地失去地缘政治优势，美国太远，中国才是靠山！

日本国民有很强的创新意识，日本经济也的确具有很大优势，但怎么发挥这种优势——想一想过去几十年，离开中国，行吗？未来与中国为敌，行吗？

中国也不应该疏远日本，毕竟两个国家联手，力量更强！所谓地缘政治优势，应该是整体优势，是东北亚经济圈的优势！美国为什么总是不愿意放手东北亚，很大程度是因为这个经济圈的潜力巨大，一旦形成合力，美国将成为老二！

不要以为美国拉住日本是为了牵制中国，同样是牵制日本。

以前，日元是曾想过做世界货币体系中的大哥大的，但刚刚出现苗头就被美国压了下去。美国不仅在经济上惧怕日本，更主要的因素还是政治。很多人都以为日本是美国的二弟，美国一定会为日本撑腰。错了！第一个防范日本的就是美国，虽然美国电视台不会天天上演抗日剧（抗日情节美国永远不会忘记），但抗日情节会那么快忘记吗！

美国决不容许日元成为世界货币体系中的大哥大，很可能也不会容许日元成为亚洲货币市场的大哥大，它情愿中国的人民币成为亚洲老大——尤其是在中美关系真正成为战略伙伴之后！很多人都以为美国在利用日本牵制中国，中日天天斗来斗去，最后利于美国。错了！这一点，国际市场看得清楚，中日两国也看得清楚，美国也看得很清楚，它也要选边站，尤其是在中国的一带一路成功实施之后。

人民币走向世界，一带一路规划实施，最大的好处就是有可能通过和平的方式实现以中国为轴心的东北亚共存、共享、共荣。一带一路需要韩国参与，也需要日本参与，甚至需要半岛参与。不要看眼前，历史脚步是以十年为年轮的。中韩关系的发展已经向世界证明：化敌为友其实只是一瞬间的事情。

美国与日本为友，源于冷战时代，源于对中国的担心。而人民币国际化之决策，应该是让美国对中国放了一大半心，起码在和平发展问题上他基本放心，而在中国深化改革之后，美国的那一半心也会放下。

中日间还是展开和平竞赛好！日本在短时间内还是有一定高科技优势的，它的制造业目前领先中国大约10年左右。一带一路如果有日本参与，那是如虎添翼。当然，日本如果不想跟中国一起干，韩国就是榜样，我们会让韩国享尽"荣华富贵"，看日本就不就范！日本目前的经济优势包括高科技优势都不是绝对的，它有的，韩国差不多都有，中国要不了多久也会有，这可能是日本最大的担忧。中日是历史上的死对头，但若更长远地看历史，日本则是小兄弟。一旦中国真的强大了，能够有实力与美国谈台湾问题了，台湾海峡中国说了算了，一带一路之后南海又不受控，中国将轻易地解决台湾问题、南海问题，钓鱼岛算什么？日本只能叫中国大哥——恐怕要与中国谈到不仅是钓鱼岛，还要包括冲绳岛！

很多人以为，中国的人民币一旦正式加入SDR，第一个就要与日元真刀真枪地干一场。不必！中国的地缘政治优势太明显了，只要踏踏实实地搞一带一路，一路向西，东边不着急。为什么？日本离不开中国这样大的市场，离不开中东，俄罗斯又是宿敌，韩国还在远离，地缘政治决定它，必须改变！

从中长期看，由于中国经济一路向西的趋势已经形成，东北亚必然跟随。短线看，日元很浮躁，一会大幅度升值，一会又大幅度贬值，它反映了国际市场对日本未来的捉摸不定，也反映了日本国内对日元战略的左摇右摆。人民币将冷眼旁观，一旦日元企图通过贬值取得国际市场的竞争优势，人民币正好取而代之。

中国将从辅助欧元变成旁观欧元

当日元被收成"囊中之物"以后,当一带一路能够穿越"伊斯兰墙"之后,人民币战略就将考虑"占领欧洲"!这个战略计划的实施,将从旁观欧元开始。

必须承认,在人民币成为国际货币的初始阶段,欧洲是出了大力的,包括英国,它们在国际货币基金组织长期的谈判中,主动让出份额给人民币,是SDR最终达成协议的关键。但不能说是欧洲人帮助了人民币,而应该说是:人民币长期以来一直不遗余力地帮助欧洲,包括欧元和英镑。中国大量持有欧洲债券,包括在英国伦敦建立人民币离岸交易中心,可谓意在长远!

欧洲是老牌资本主义国家聚集地,英国更是老牌资本主义国家,但它们,也是近百年来全球地缘政治最倒霉的地区:两次世界大战已经使欧洲大伤元气。美国的崛起,大批殖民地的独立,后来又是亚洲的崛起,欧洲的战略地位在下降,英国成为很可能被边缘化的国家。欧洲要想维持最后的竞争力,只能团结。但团结永远是大问题!英国有可能脱离欧盟,为此,将付出英镑贬值15%左右的代价;欧洲债务危机之所以爆发,不怪所有的欧元区国家,只怪欧元设计!为什么总是想当老大呢?这可能是欧元致命的软肋！金融危机的内因是失衡，一个国家还难免失衡，一个庞大的欧元区，十几个国家，怎么可能不失衡。不是债务失衡，就是福利失衡，创新失衡，财政失衡，劳动力价值失衡。欧元是付出极大努力了，但欧元的前景仍然还不乐观！

欧债危机已经过去好几年了，希腊缓过劲了吗？没有。现在欧元区又将经历两大考验，一是中东难民潮涌向欧元区，它对失业率高企的欧元区国家是重大考验，更可怕的是很可能把恐怖分子也带进欧元区国家，这可是大麻烦；第二个考验是英国要退出欧盟，虽然英国不属于欧元区国家，但它将开启一个范例，任何国家都可以通过公投脱离欧元区！不要以为英国公投只是损害英镑。

现在大概没有人说欧元有可能取代美元了吧！前十年，这可是国际金融市场的热门话题。这个话题不知道诓了中国政府多少钱——中国政府外汇储备一度曾经以欧元为主！但是，欧洲人可能永远不明白：在它们企图收购美国的时候，中国已经在开始考虑收购欧洲！

在解决欧债危机的过程中，德国是出了大力的，第二个可能就是中国！中国在欧债危机期间买了多少欧债？可能有几千亿！尤其是希腊债券。试想一下，没有中国的支持，欧元区可能早就解体。欧元区，想过回报吗！中国要想，没有钱还债，但有的是资产！能不能拿到欧元区的好资产，是人民币战略的重要组成部分。

目前，欧元区经济还算稳定，欧债危机也算是有一点点缓和，但中国的外汇储备危机也来了。正好，我们可以向欧洲索取——能不能以资抵债？中国在减仓外汇储备的过程中没有"偏祖"欧元，该减就减！就是施压！目前中国政府外汇储备的大头已经恢复为美元占比60%，欧元占比只有30%稍微多一点。但我认为，为了人民币战略，未来还要减持！欧元是再经不起风吹草动了，必须迫使它卖资产，尤其是希腊这样的国家！

从未来全球货币体系发展趋势看，人民币将很可能率先超过欧元。虽然欧元区国家有很强的经济实力，但它已经没有心思考虑欧元区以外的事物，比如说带头参与一带一路。欧元区的地缘优势是紧靠中东与非洲，而中国的一带一路计划瞄准的就是中东与非洲。这些地区若一点点靠近中国，就是在削弱欧洲。这一点也是只能做，不能说的。

习近平主席给非洲撒了600亿美元，又借给中东560亿美元，直观地看是共同发展，背后作用则是此消彼长——中国在染指欧洲权益。中国的地缘政治目标已经定位在中东、非洲，其实瞄准的是欧洲。一带一路已经得到中东大国的支持，沙特、叙利亚、伊朗，包括伊拉克，这些四分五裂的国家都将与中国合作——团结中东，这是千古难求的大战略。未来中国的高铁将很快会通过中东修到埃及，一直跨越非洲大陆到达欧洲。是中国走向欧洲，还是欧洲走向中国？答案几乎是肯定的，那时候，世界经济的老二是谁？肯定是中国！

为什么欧元区国家当下已经无暇顾及非洲、中东呢？欧元区国家有太多的弊病，尤其是它的高福利政策。欧元区能够享受高福利，很大程度是依靠中国——没有中国买欧债，它的福利将一落千丈。现在的欧元区，将花费很长时间、很大财力去处理类似希腊那样的高额债务问题，恰恰在这个时候叙利亚难民涌入，法国已经宣布进入紧急经济状态，接下来是谁？我以为，不是法国经济要崩溃,而是法国不想再给希腊这样的国家白白送钱,不想再接纳叙利亚难民了——欧洲的政治理想正在分裂!

欧元区可能迟早要分裂,这是中国的麻烦,也是中国的机会。所谓麻烦,就是欧元区欠了我们很多债,它要分裂了,我们的钱有可能打水漂;所谓机会,就是欧元区无力阻止中国的经济扩张,不仅它们原来的地盘中国要占领,即使是欧洲,也在中国收购的范围之内。关键点在资产,欧元区国家的资产还是很有诱惑力的。成本与收益之比,怎么使收益大于成本?就是将债权转移为资产。中国收购欧元区资产,不是空话!

当然,从金融市场全球化角度,中国不希望欧元区解体或者分裂,中国希望看到的是欧元区能够"带病"竞争,希望欧元多多少少能牵制一下美元,像美国最后不得不同意欧元区提案那样,吸收人民币加入SDR,一点点对人民币让步。收购欧元区资产是一举多得,收购欧元区资产,牵制美元强势。可以想见,未来的欧元恐怕再难重振雄风了,它在国际货币体系中的表现很可能是"有气无力",要看人民币脸色!

欧元区汇价有没有可能再度暴跌呢?从中国立场出发,希望欧元能够适度坚挺,欧洲央行也知道欧元是不进则退,不能主动贬值。这一点有利于中国的人民币战略。但我认为,需要防范欧元,欧元强势是很难再现了,它一旦结束盘整(围绕10500—11250)将开始深跌,兑美元很可能跌破1:1!

欧元区最大的问题是分裂隐患,治它的药方是缩小版图,而这个过程是十分痛苦的。对中国来说,不要过分担忧欧元区国家欠债怎么还,因为中国可以借此收购欧洲资产!

美元仍然是大哥大，可能要领先很多年

在人民币战略中，中国如何与美国相处，人民币如何与美元相处，很重要。反过来说，美国如何看待中国崛起，如何与中国和平相处，美元未来如何摆正与人民币的关系，可能更重要。

2015年，美国西点军校举行毕业典礼，我的朋友在现场，他记录了美军四星上将的一次满口脏话的演讲，题目是：美元就是一张纸，但谁要威胁它你们就要上战场了！

军校典礼最隆重的时刻，就是四星上将詹姆斯训话。

随着掌声，一位身材瘦高满身戎装的老爷子一瘸一拐地走上台来，他摘下印有四颗星的军帽，露出很亮的秃头，虽然看上去七十多岁了，可老爷子目光像鹰一般，深眼窝，尖鼻子，瘪腮，满脸皱纹，一副爷们劲儿。

"Howdy, kidos."（都好吗，小崽子们？）他那典型的德克萨斯南方口音，加上倚老卖老的称呼，为老爷子带来第一次欢呼。

这时，老将军哆哆嗦嗦地从兜里掏出一张绿纸（100美元）。"All right, kids, what is this damn piece of paper?"（好吧，崽子们，谁知道这张该死的纸是什么？）

"This is a fucking one hundred dollar bill."（这是他妈的一百美刀）在美国，以F打头的脏话是最接地气的。于是，掌声口哨声响起。现场的我的朋友都开始舌头根发痒，上台玩脱口秀的欲望涌起。

"Do you guys know how much it cost the US to print this damn piece of paper that can not even wipe your ass?"（你们知道美国花多少钱就能印出这张擦屁股都不够用的纸吗？）老将军问。

"It cost us fucking ten cents……You're damn right, fucking ten cents."（才花我们十美分，对了，是他妈的十美分）。

老爷子高举着一百美刀接着说："美国用十美分一张擦屁股纸，换回别的国家好几百块钱，换回一大堆的东西，Is this fucking fair？（这他妈公平吗？）The answer is fucking NO。（答案是他妈的不公平。）

可是，可是，为什么别的国家要咬着牙来接受这种不公平呢？

——就因为你们。（Because of you guys.）"全场雅雀无声。

老将军鹰一般的眼睛环视着场下，台下坐着五百名军装笔挺即将奔赴各大战区的军校毕业生。

"Kids, you bear this in your mind.（崽子们，你们给我记住了。）Whoever dare to challenge this damn piece of paper, it's time that you guys go to war.（谁要敢挑战我们这张擦屁股纸，你们就该去打仗了。）"

老将军说完，用右手的两根手指横着敬了个军礼，把那一百美元叠好，装进兜里，然后转过身，在一片口哨掌声和欢呼声中一瘸一拐地走下台。

为什么在本书最后一节我要引用这位美国老将军的话？因为我与所有读者都可以深刻地感受到：美国军人也认识到全球贸易以及货币体系的不公平，他们打算用武力去捍卫这种不公平——其实也就是美元高估所带来的一系列利益。

谁是这种不公平的最大受害国？显然是中国。

而人民币战略的最终目的肯定是改变这种不公平！但要不要通过武力？我的答案是否定的——没有必要为美国人的虚妄置气。军人之所以存在的价值就是准备战争，军人有着"像鹰一般"的眼睛和头脑，不足为奇。问题是：中国的人民币会对美国那张"擦屁股纸"形成威胁吗？起码在短期，看不到。美国的鹰派天天想挑起美国政府包括美国人民与中国对着干，这是事实。但他们不是美国的全部！今天的世界已经不是强权能够统治一切的时候。全球政治讲的是制衡、竞争，而不是毁灭——想毁灭吗？美国也许能毁灭中国一千次，中国只要毁灭美国一次即可——中国与美国都不希望看到这样的结果。

人民币战略与中国梦是相辅相成的，融入世界并不是为了统治谁，或者被谁统治。

必须承认，包括美元在内，很多西方国家货币，都具有"先到先得"的优势。

因此，当后来者——人民币出现之后，它们的优势相对会被削弱——如同人民币加入SDR前夕，西方国家要坐在一起，商议各自让出多少份额（给人民币）。这一次，美元让出的份额最少，日元其次，未来，它们会一点点让步，眼看着人民币蚕食它们的"地盘"（投票权）。但这不是战争！

人民币战略包含纠正以往国际货币体系不公平的内容，只能做，不能说。能不能想？既然是战略，当然需要设想、预想：当人民币成为亚洲区域性货币体系的领导者，当人民币与欧元平起平坐之后，与美元是啥关系？这是大战略，必须提前考虑。进一步说，中国要想取得亚洲货币老大的地位，如何借力美元？这也是重要的人民币战略。

针对美元前景，尤其是人民币国际化以后的美元前景，经济学家多有分析，但却争论颇多。我的观点是：任何轻视美元的想法都不仅是幼稚的，很可能还是致命的，中国远没有到超越美国的时候。中国经济总量超越美国，很可能要二十年，人民币短期内取代美元，更是做梦。相反，人民币如果与美国联手，则是全世界最怕的，这可能是人民币战略最重要的选择之一。中国从上世纪三四十年代就曾经向美国敬礼，而中国几千年凝结的传统文化，也值得美国向中国敬礼。未来中美合作是可能的，尤其是在金融领域。如果共建全球化的金融市场成为中美合作的战略选择，则是中国的幸事。

在经济全球化以及金融市场全球化的大格局中，中美间在政治上已经能够合作——美国认可并且任命中国人做世界银行的行长，未来美国会不会成为亚投行的股东？

有些人很糊涂，连美联储加息的动因也归结于其想方设法搞乱中国、制约中国崛起。按照这个逻辑，我很快反问：美联储若宣布暂缓加息，是不是在帮助中国呢？中国发生金融危机美国未必高兴，因此它还会配合人民币汇率调整，人民币汇率仍然下行。

美国是信奉市场经济的国家，它当然希望中国能够市场化，有时候说一下希望中国改革的话，这不是干涉内政，因为深化改革从根本上说是为了中国强大。美元强大，未必等于压制人民币，人民币走向世界未必等于直接削弱美元。美联储加息以及不加息，首先考虑的是美国经济，当然，如果它能够考虑一点点加息快慢对中国经济的影响，我们欢迎。市场已经看到，美联储在2016至2017年是否连续加息的问题上已经后撤，这一点是符合中国利益的，是中美经济"合体"的典范。

美联储只是美国政府信誉的代表，而不具有政府意志。如果说美联储是美国的，只是在维持美元地位方面代表国家利益，但它更多的是通过维护美国经济利益来实现国家战略利益。但美国的国家利益未必等于是削弱中国、做空中国，中美间不是此消彼长的关系。

今天的国际经济环境仍然是不稳定的，尤其是中国经济，困难很多，人民币对美元应该取守势。同时，必须考虑远交近攻，考虑依靠美国支持取得亚洲老大地位，在亚洲，适度强势。企图超越美国是愿望，不是战略，尤其是取代美元，这种想法不仅是战略误判，政治上也是很幼稚的！

中国要保增长，人民币要走出去，中国企业要大干快上，一带一路，一路向西，这些战略问题，哪一步都离不开美国的认可或默许。从美国经济近期表现看，美元是充满自信的，起码它相信，全球经济唯有美国最好，相反，稍有风吹草动，"裸泳者"就会暴露出好几个，包括中国。

美联储开始紧缩举动，并不是针对哪个"裸泳者"，而是表示自信！我始终提醒大家关注我们所处的经济时代，这是一个以信息技术和互联网全面覆盖为代表的大数据时代，是高科技创新层出不穷的时代，它很可能引发人类历史上最大一轮生产力大飞跃，它的代表是美国。这个时代也很可能是"改朝换代"的时代，落后者将被历史淘汰，跟上美国，胜算要大很多。美联储升息的举动说明，它相信美国企业和美国人民已经做好了迎接新时代的准备，相信美国经济将长期领先世界。而它也悄悄地讨论，能否暂缓升息，除了考虑美国，也在考虑世界，包括中国。我们千万不要轻视美国人的勇气，也千万不要把美联储的所有决定都认定为无知，或者针对中国。相反，我们要时时扪心自问：中国会不会成为"裸泳者"？

当然，在经济全球化的大背景下，美国经济要想长期保持一枝独秀也很难，更何况，即使是最先进的技术也要市场，而中国应该说是全球最大的市场，这是中美合作的关键点。

千万不要忘记，人民币的宽松周期还要维持很久，一带一路以及土地改革都将促使中国央行释放更多的人民币，从大环境看，中国的市场利率还要下行，相反，美联储的利率上行周期有可能刚刚开始。利差的缩小不利于中国金融市场的稳定，中国需要美元（控制热钱外流），需要美国对一带一路的支持，需要美国暂缓加息！

从国际市场未来表现看，美元会不会再度走强？会不会突破100.70大关？可能性非常大！当我这本书出版的时候，美元指数很可能已经站上100大关了，虽然它在中国春节前夕大跌了一下。

当前，美联储未必希望美元很强，但"裸泳者"太多，经不起风吹草动的货币太多，黑天鹅随时可能在全球外汇市场上起飞，美联储管不住！美元强不强，也要看其他非美货币的脸色。从美联储角度思考，既要通过终止零利率表示出对美国经济的信心，同时也要勒住强势美元，防止市场爆炒强势美元导致全球金融市场失衡。由于中国经济的不确定性以及欧元区经济的复杂性，美联储不会连续加息，这一点我不是在本书才第一次提及，早在2015年8月即提及。我继续预测：美联储在2016年最多两次加息，每次0.25个基点。但即使是这样的步伐，美联储也很可能是2016年唯一选择加息的大国央行，英国央行不会加息，欧洲央行会扩大超宽松力度，日本央行已经这样做了。预计美元将在2016年维持强势，最低也不会跌破95，而美元指数上行的高度有可能达到101，突破，就看106了！

愈演愈烈的大国货币博弈

整个世界货币体系背后充满着复杂的博弈，美元不可能永远是强势货币，人民币也并非无机会走向世界。

众所周知，美元是世界货币的老大，美联储则是全球央行。美元的一举一动影响全球金融市场，美联储的货币政策变化则会影响全球经济。

美元是美国的，更是世界的。美联储是美国的，它的美国中央银行地位不是美国政府特许或者靠撒钱来维护的。它的地位之所以权威，主要靠长期以来的"政策信誉"，尤其是国际市场信誉——除了"9·11"以外，美元很少出现黑天鹅事件，也很少大起大落、暴涨暴跌，具有大国货币的范儿。

美联储相对其他国家的中央银行，货币政策拿捏应该是比较到位的。所谓到位，一是对美国，尤其是对美国经济景气度把握很准确，具有超前调控的能力。二是由于它对全球宏观经济趋势，资本市场风险（也是世界级的视野），包括实体经济与虚拟经济的均衡关系都能把握很准，政策具有全球性、前瞻性。

一个典型例子是：美联储早在两年前就宣布"货币政策的下一个动作是走向正常化"，啥叫正常化？就是零利率时代要结束了（美国金融市场的利率水平需要稳步提高到正常化水准），未来的政策选项就是逐步加息。但在后来的很长时间里，美联储就是迟迟不按下加息按钮，乃至很多人都说美联储说话不算话，忽悠市场。

终于，到了2015年最后一个月，美联储兑现了它的诺言，终于加息。但在加息之后，美联储官员又频频发声：要根据市场尤其是全球市场情况再度考虑是否加息，结果是：全球市场对美联储加息的预测指数波动率很大。截至2016年2月初，关于美联储3月份加息的概率预测只有10%（与我半年前预测相符）。很多人因此评论，美联储是扭扭捏捏，不情愿加息，最后不得不加息，然后再食言，成为全球笑柄。这些人把美联储看简单了！

必须承认，在全球经济仍然处于下行趋势之时，作为全球央行的美联储有些"谨小慎微"。欧债危机是不是已经过去，需要观察，中国经济下行会不会引发金融市场波动，也要观察。要知道，美联储宽松了很久，全球主要央行还在宽松，中国央行会不会也加入超宽松阵营？美联储不能做"孤家寡人"，它的加息时点选择应该更加谨慎。美国政府对此与中国协调，美联储背后的协调更多。美国关注中国不是站在中国立场说话，而是站在美国的立场说话，它要考虑全球经济尤其是中国经济对美国的影响。

美联储加息快慢的确最容易影响中国，尤其是中国股市，但看一看中国股市的情况，是不是也影响全球、影响美国股市。更重要的是，美联储选择在2015年12月启动第一次加息，是进可攻退可守的选择。不要忘记，2016年是美国的大选年，美联储不可能在这一年启动加息。而美国经济的表现，尤其是全球金融市场的表现可以让美联储在2016年保持适度灵活性，可进可退。

美联储不是中国央行，但它必须考虑中国因素，对此，不要往坏处想，更不要总想着阴谋。不要忘记，美联储在2015年8月、9月的议息会议上都曾经专门研究了中国资本市场发生股灾后对全球资本市场的影响，恰恰是在那两次会议，美联储主席耶伦在讲了几次中国因素之后决定暂缓加息；正因为如此，当中国再度发生两次股灾后，全球股市大跌，由此判断，美联储不启动加息周期是合理的。

全球经济已经一体化，金融市场全球化趋势很明显，暂停加息，等待观察，尤其是观察中国资本市场以及实体经济表现，防范中国资本市场再发生第三次、第四次股灾！截至我写本书的时候，中国股市以及人民币汇率基本稳定，这与美联储适度释放暂缓加息有极其密切关系。它从一个侧面证明：金融市场全球化不是预言，而是现实：中国离不开美国，美国也离不开中国！

从美国经济数据观察，在美联储决定加息之前的几个月，美国经济不仅是正常的，而且表现是很好的，如果不是考虑到全球经济下滑很可能继续影响美国，美联储可能更加鹰派，可能更早加息。但是，所谓很好，也有隐患，这就是通胀率始终距离美联储的中期目标（2%）有差距，而且在全球经济下滑的背景下，美国的能源产业裁员很多。在全球主要经济体仍然处于通缩环境之时，能源品价格在冬季取暖期仍然一个劲地下滑，甚至一度跌破28美元一桶，大宗商品市场仍然受到中国经济下滑影响没有企稳，美国能够保持CPI稳定已经不错，很难出现连续加息的大环境。

我在2015年9月曾经做出重要判断（上报最高层）：美联储12月肯定加息，但美国不会出现加息周期！虽然美联储在2015年

12月加息以后的几次决策委员讲话都透露：2016年美联储将加息四次，每一次0.25个基点，但我仍然坚持：2016年美联储很可能只会加息两次！这个预期，在2016年初已经被全球绝大多数分析机构认可。

目前，全球经济仍然很不稳定，地缘政治风险还在——比如半岛危机、中东、乌克兰等，中国经济下滑趋势起码在上半年看不到逆转，因此，大宗商品市场包括能源品市场还会处于低迷状态中，尤其是中国连续发生股灾之后，全球金融市场的不确定性增强。美联储再度加息必须谨慎，不要忘记蝴蝶的翅膀，在南美洲的一个小国开始扇动，也会影响到全世界，更何况这一次扇翅膀的是中国！

欧元区经济仍然处于平稳复苏中，但其间不断有不和谐的声音发出，比如希腊债务危机其实是无解的，现在又添了一个难民问题。鉴于此，欧洲央行是不敢轻易地结束QE的，很可能还要加码，由此导致欧美央行货币政策差异扩大。

目前看，美国不希望美元继续保持超级强势，美国政府几次与中国沟通，既是帮助人民币汇率企稳，也是帮助美元适度回调！但这种回调可能被市场利用，于是再度出现"群狼围饿虎"的景象，导致美元指数巨大波动。但我认为，美元指数重返100大关仍然是2016年的大概率事件！

2016年是美元指数包括全球外汇市场巨大波动的一年。人民币汇率名义上仍然紧盯美元，但已经不是"紧跟美元，你升我也升，你贬我也贬"，而是有时候跟随，有时候相反！观察人民币汇率与美元指数的关系，需要有新的视角，新的方法！即美元指数是因为什么而动？因为"群狼围饿虎"而动，人民币汇率与美元同方向；因为美元自身原因而动，人民币汇率与美元反方向！比如，2016年2月3日，美元由于美联储官员杜德利的鸽派言论而大跌，人民币汇率与美元指数反方向。

2016年是人民币国际化能否取得重大突破的关键一年，人民币汇率市场或曰外汇市场建立的关键年度也在这一年，因此，人民币汇率会有较大幅度起伏波动。在离岸人民币汇率下跌接近10%以后，中国央行联合全球央行做了干预，美元主动回撤，相对减轻了人民币汇率下行压力。但人民币汇率向下调整的趋势是既定的，非美货币弱势趋势也是既定的，这一点会在2016年阶次体现，因此，人民币汇率会一会儿跟随非美货币调整，一会儿跟随美元指数上升，反过来，也会导致美元指数的大幅度波动。

首先是美元指数第一大货币欧元，还要下行——不要以为群狼围饿虎，欧元打先锋。这种现象是暂时的，阶段性的，欧元区经济不稳定，必然导致欧洲央行在2016年继续释放货币宽松。欧元长期担纲非美货币的领头羊，率队攻击美元，因此，它的货币政策背景至关重要，一旦欧洲央行再度宽松，它的下跌趋势是比较大的。这也是2016年外汇市场波动率加大的因素之一。

另一个主要货币就是日元了，它是美元的小兄弟，也是美元的"麻烦制造者"。2016年初，我们再度领教日元板块的暴涨暴跌，同时对日元的性质应该有了更深层的理解——日元就是"炒作型"货币。2016年初，日元板块因为美联储加息而显著走强，这一点市场有些出乎意料。其实日元走强的主要因素是三点：美联储加息周期预期在全球投资者看来是假招子，起码不是那么可怕，美元已经走强近一年，该回调了，既然美元指数很可能在100上方见顶，做空日元的投资者也要适度减仓了。另一个关键因素是"安倍经济学"主旨的转移：既要考虑通过货币宽松刺激日本经济，同时要考虑人民币入篮后对亚洲货币的影响，日元必须适度示强，而不是示弱。两方面掣肘，日元震荡加剧。

以往市场解读"安倍经济学"主要是从货币政策角度，似乎追求超宽松是"安倍经济学"的主旨，依据是，超低的汇率水平将使日本制造业获得竞争优势。错了！缺乏战略高度，也缺乏对市场的理解！依据传统经济学理论得出的货币运行趋势方向往往是错误的：极低的利率汇率的确有助于实体经济复兴，但它也可能摧毁创新经济。一个以创新经济为主体的国家是不会很在乎利率汇率是不是具有"低价竞争"优势的，更何况，日元距离超强，还有很大距离，起码对炒作者来说，空间不大。有些资料显示，日本经济中创新经济占比已经超过美国，是全球第一，尤其是模仿创新。这个资料未必是权威的，但可以被参考。第三个因素可能更重要，那就是中国，人民币走向世界时时刻刻威胁着日元。不要忘记，人民币距离真正"入篮"还有几个月时间，在人民币准备接受国际货币基金组织考察的这几个月中，日元将与人民币进行较量——谁更稳定，谁更有资格做亚洲老大，排行世界老三。这个较量是隐蔽的，但在两国央行官员的心中，那是情结，恐怕在安倍和日本人心里，更是情结。

后 记

人民币战略的关键词是"人民"

《人民币改变世界》这本书从策划到下决心,再到开始写作,连续修改三遍,用时差不多两个月。太快了嘛?很多内容其实已经储存了十几年!写作这本书最难的地方不是思想理论的阐述,而是世界(现实)变化太快,全球金融市场变化太快。比如,已经在写好了第一稿之后,中国股市第三次股灾就发生了(不得不将二次股灾改为三次股灾),紧接着全球股市全部急跌(需要分析是人民币汇率领跌,还是人民币汇率领涨);比如人民币汇率保卫战在春节前基本结束,我的预言很快变成现实:人民币汇率离岸价大幅度反弹。现实世界变化太快,全球金融市场变化太快,尤其是对一本充斥着经济趋势分析的书——需要不断地跟上,不断地分析。但在临近春节的时候,我还是决定要尽快完成第三稿,交给出版社,于是,在大年三十下午我将书稿交给了出版社——出版程序启动——不能再做大幅修改了。

中国最大的问题是什么?人民币战略最核心的问题是什

么？人民能不能拧成一股绳？靠什么拧成一股绳？1938年，在中国抗日战争最艰苦阶段，史学家蒋廷黻在其著作《中国近代史》中发出设问："近百年的中华民族根本只有一个问题，那就是：中国人能近代化吗？能赶上西洋人吗？能利用科学和机械吗？能废除我们家族和家乡观念而组织一个近代的民族国家吗？能的话，我们民族的前途是光明的；不能的话，我们这个民族是没有前途的。"而这恰恰也是人民币战略必须回答的问题。从抗日战争到解放战争，中国共产党人用艰苦卓绝的实战回答了这个问题，那就是将全体人民集合在新民主主义革命的旗帜下，为了民主、自由、富强而团结奋斗。正是这面旗帜引导中国人民取得了伟大的胜利，也正是这面旗帜才使后来的中国几次化险为夷。

本书的一个重大主题就是迎接"大变局"。我们所处的时代不仅是创新经济的时代，更是人类历史上最激烈的变革时代。从经济全球化走向金融市场全球化，这是一个伟大的时代。时代变革需要经历震荡，需要新的思想指引。但这一次大变局可能"超越"任何一次历史变局。过去人类所经历的几次大变局，都是反反复复，历时很长的，比如人类学会使用工具的时代，比如人类从被奴役压迫走向民主共和，可能经历了近千年甚至几千年。但这一次的大变局却有可能在50年即在两代人之内实现，因此它很可能是人类历史上从未有过的突破式大变局。

中国目前最紧迫的任务是如何通过深化改革谋求新的发展，是如何通过世界大变局实现历史性的转变，真正走向世界，成为一个现代的、团结一致的、能被绝大多数国家接受的国家。人民币战略，说白了，就是要与"西洋人"平起平坐，让它们不敢再随随便便地对我们说三道四。

说实话，想问题，把中国的传统文化与西方的现代意识相结合，将马克思主义政治经济学包括西方的经济学理论与中国当代的实践相结合，把中国的事情搞清楚，把人民最关心的问题想清楚，把最迫切的思想问题、理论问题摆清楚，针对现实困境创造性地提出理论，解决问题，这是本书的主旨。

今天的大变局，等不得几百年！如何才能不辜负这个大变局的时代？推进人民币国际化，让人民币先走向世界，通过世界影响中国，反过来，再把中国的声音，中国的实践推向世界。当人民币遍布世界的每一个角落，未来世界每一个点上的技术创新，包括思想创新都会重新汇集到华夏大地，百川归海，财富喷涌。更重要的是，它将形成理性的力量，思想的巨涛，让共存、共享、共荣成为新时代的普世价值，让人类社会更和平、更繁荣。